中国道教文化之旅丛书

道映申江
海上白云观

总主编 张继禹
本册主编 姚树良
编　著 刘仲宇 史孝军 鄢建华

华夏出版社
HUAXIA PUBLISHING HOUSE

《中国道教文化之旅》编辑委员会

总 顾 问：任法融
总 主 编：张继禹
主　　编：王哲一
执行主编：王炳旸
副 主 编：

黄信阳	黄至安	丁常云	唐诚青	赖保荣	刘怀元	林　舟	张金涛
张凤林	孟崇然	黄至杰	李诚道	张东升	袁志鸿	张明心	胡诚林
谢荣增	陆文荣	董沛文	刘世天	王书献	孙常德	史孝进	吉宏忠
王怀静	杨世华	詹达礼	高信一	吴诚真	李文兴	王至全	袁宗善
刘兴龙	欧治国	喇宗静	张崇新	赵理修	王崇道	邓信德	蔡万圻
董中基	廖东明						

编辑工作办公室主任：张兴发
编辑委员会委员：

任法融	张继禹	黄信阳	黄至安	丁常云	唐诚青	赖保荣	刘怀元
林　舟	张金涛	张凤林	孟崇然	黄至杰	李诚道	王哲一	王炳旸
袁志鸿	张明心	胡诚林	谢荣增	陆文荣	董沛文	刘世天	王书献
孙常德	张兴发	冯　鹤	郝光明	李信军	张　凯	吉宏忠	姚树良
张开华	翟仁军	成笃生	刘少波	黄健虹	吴信达	潘志贤	杨梦觉
陈明昌	张至容	杨明江	邹理慧	郑明德	吴诚真	刘玄遵	蔡亚庭
朱　泽	欧治国	万　文	王理砚	陈万冀	林美菊	陈信桂	廖信杰
贾慧法	任兴之	陈法永	孙敏财	尹信慧	杨世华	冯可珠	郑志平
简祖洪	薄建华	李宗贤	霍怀虚	张诚达	刁玉松	李　福	詹和平
陈理复	李宗旭	袁宗善	喇宗静	邓信德	赵理修	陈崇真	王崇道
王高静	史孝进	王怀静	詹达礼	高信一	王金华	李文兴	王至全
刘兴龙	张崇新	蔡万圻	董中基	廖东明			

序

殷商时期，道祖降临神州大地。他所倡导的致虚守静、少私寡欲、无为而治、道法自然、返朴归真、和光同尘等思想，深深影响了中国哲学；他所著《道德经》，提出了"道"、"自然"、"无为"等等著名的哲学概念，成为中国哲学的基石之作。

两汉之际，中国又出现了一位真人张陵，他奉老子为道祖（太上老君道德天尊），以老子《道德经》为祖经，以道为宗本，创立道教，融合传统宗教习俗，追求天人和谐、家国太平，倡导真正、积善成功、福臻家国，相信修道积德行善定能平安幸福、长生久视。

魏晋南北朝，道教人士秉承老子思想，光大张陵道风，建立弘扬道教文化的宫观，从此道教文化有了自己的文化宣传窗口，向世人展示着自己独特的魅力。

宫观发展至今，已成为道教信仰和修道者的圣地。成千上万的道教徒在宫观内过着如法如仪的宗教生活，成万上亿的道教信徒们到宫观开示解惑、朝拜神灵、祈福禳灾。许多高道依托宫观实现了他们致道成仙的人生目标，如张道陵在大邑鹤鸣山驾鹤飞仙，许逊在南昌西山白日飞升，张三丰在武当山得道成仙。

宫观传衍至今，已成为中国传统文化的重要载体。每一个宫观都有着它的历史传承、人物故事、文物胜迹、经典书籍和建筑艺术等等，这些均构成了本宫观的文化，这些文化又是宫观所在地文化不可或缺的重要组成部分。这不仅是宫观的，也是道教的，更是社会的传统文化。如张道陵祖师依托二十四治创立天师道，形成了天师道文化；杨羲、许谧依托茅山的靖庐创立了道教上清派，形成了茅山文化；许逊依靠万寿宫，形成了净明道忠孝文化；丘处机凭借白云观推动了全真龙门派的发展，形成了龙门祖庭文化。

宫观传承至今，已成为道德伦理教化的场所。道教宫观中供奉的神灵，有古代神话中的人物，还有山川河岳等自然界的神灵，更有有功于社稷、有惠于黎民而为民众所敬仰的地方神灵。道教崇奉神灵的原则是"尊道贵德"，倡导崇尚德行、敬仰贤能。如道士孙思邈是古今医德医术堪称一流的名家，尤其对医德的强调，被后世的习医、业医者传为佳话。他的名著《千金方》中，也把"大医精诚"的医德规范放在了极其重要的位置上来专门立题，重点讨论。而他本人，也是以德养性、以德养身、德艺双馨的代表人物之一，成为历代医家和百姓尊崇备至的伟大人物，被道教崇奉为"药王"。又如道教崇拜的城隍神，皆为世间人之正直者，有"功施于民则祀之"的说法。他们有的是地方的"清官"，正直无私，秉公办事，能为民消灾解难者；有的是有功于国于民的"功臣"，生前曾对某地乃至全国作出过一定贡献，人们牢记其功绩，奉之为神灵；还有人间正直者，他们生前为人正直，与人们所希望的城隍神形象较为接近；更有世间乐善好施者，在中国传统社会中，积功行善，乐善好施者，往往受到人们的崇敬；当然也有神能者，生前有异能，造福乡民，人们相信他死后可以充当城隍之职；还有善鬼，人们认为，人死后进入阴间而为鬼，但只要积德行善也能提升。可见，城隍信仰中"人之正直，死而为神"的观点，正是人们把美好理想和愿望

寄托于神灵，希望他们能像生前一样公正无私，造福于民。同时，也鼓励人们积极向上，崇尚德行，讲求孝道，对人们具有一定的教化功能，在一定程度上又构成了伦理道德体系。

同时，道教的宫观还是济世利人的基地，是服务社会、利益人群的场所。道教宫观导人向善的教化功能本身就发挥着净化社会的崇高精神。从历史上看，道教宫观曾经发挥过济世救人的功能。如张鲁行宽厚仁慈之政，以道教化世人，设立义舍于路边，放置米肉于其中，让过路的人量腹而食；丘处机在北京白云观创立十方丛林，收容遭战乱无家可归的人，多达数以万计，清乾隆皇帝赞扬说："万古长春不用餐霞求秘诀，一言止杀始知济世有奇功。"清代道士闵一得，主持金盖山纯阳观，大振玄风，乐善好施，奖掖后进。当代道教宫观，不忘祖训，更加积极投入到社会慈善公益事业中。道教宫观植树造林、美化环境；赈穷补急、兴利除害；积功累德、慈心于物；忠孝友悌、正己化人。如道教宫观在甘肃的生态林建设，"九八洪灾"捐款，四川地震灾害捐献等等，均彰显出道教宫观济世利物的高尚品德，由此清楚地看到宫观在道教传承中的地位和作用。

为了打造道教文化精品，提升道教品位；繁荣文化市场，满足群众需求；整合道教宫观资源，形成道教文化合力；推动对外文化交流，促进道教健康发展，响应"推动社会主义文化大发展大繁荣"号召，中国道协文化研究室以道教宫观为研究对象，推出"中国道教文化之旅"大型文化研究项目，把道教宫观文化承载的道教义理、建筑、绘画、生态等智慧和道教生动感人的故事展现出来，通过一座座宫观的文化之旅，探索、发现了道教许多不为人知的价值内涵，从而彰显道教的人文精神。这样可以向社会人群提供优秀的道教精神产品、凸现道教文化魅力、创造良好的社会效益。从而提升道教形象，扩大道教影响，增强道教的亲和力，为构建和谐社会

作出积极有益的贡献。

感谢国家宗教局领导对《中国道教文化之旅》的大力支持,感谢各省道教协会、各宫观高道大德的积极参与,感谢今日集成广告有限公司张东升先生的热情襄助,感谢华夏出版社编辑的辛苦付出。我相信,道教文化的魅力与人文精神一定会通过本套丛书的出版而弘大显扬。

张继禹

2011 年 1 月谨识于北京

目 录

楔 子 / 1

白云浮东海　古观现沪城 / 3
雷祖殿 / 4
迎请《道藏》/ 12
海上白云观名的确立 / 15

高道纷纭集　道脉绵绵承 / 19
开山祖师徐至成 / 20
道门侠义李理山 / 26
仙学大师陈撄宁 / 36
最后一任监院吕宗安 / 49
正一宗师陈莲笙 / 53

像设呈庄严　汇聚坐诸神 / 63
巍峨壮观弥罗殿 / 64
玉皇领导下的职司神灵 / 70
形态独特的六十甲子神 / 95

殿堂虽云窄　文化传精神 / 101
螺蛳壳里的道学院 / 102
《上海道教》十六年 / 109

科范传不绝　特色常保存 / 115
白云观采风的必具内容 / 116
怎样鉴赏白云观的科仪 / 120

小殿藏巨宝 《道藏》特受珍 / 137

人们为什么重视《道藏》 / 138

那一部《道藏》去了哪里? / 146

别样的珍贵 / 150

文物放异彩 沧桑话艰辛 / 157

老君像的故事 / 158

抢下来的铜像 / 162

艺术的魅力 / 166

沧桑曾一瞬 新貌看于今 / 179

沧桑与生机 / 180

搬迁与重建 / 182

焕然一新 / 184

楔　子

若要了解上海的道教，不能不去各宫观。因为宫观里保存的是活的道教文化。看书，看博物馆，也能知道许多关于道教的知识，但是那是历史的陈迹，或者仅限于文字的记载。只有在宫观里才有活着的文物，有在现代时空中流淌的传统，有与世俗生活交织在一起的宗教文化。

而若要了解上海的宫观，海上白云观不能不去。

这一座道观，并不是上海现存道观中最早的，也不是占地面积最大的。然而，当中国大陆改革开放以后，上海第一批修复开放的，就有它。

为什么？因为在上海的宫观中，它具有特殊的代表性。它是上海道教历史上唯一藏有明《道藏》的宫观，也曾经是唯一的全真道十方丛林。它是近代上海最受重视的宫观之一，也是现在保存从明至清的文物最多的宫观。

走到上海人民路口大境路，眼光稍一扫，就会被上海留下的唯一一段城墙所吸引，墙下便是大境关帝庙。目光再沿着城墙下的关帝庙延伸，隔着小小的绿化地，赫然见一片飞檐翘角之下明亮的红色庙墙。那就是白云观了。

这座道观，庄严地站在上海大境路239号，面朝南，沿着马路。门前有小小的一块空旷之地。信步走上这空地，抬头仰望，红色的庙墙中开着

◎ 白云观大门

大门,门上"白云观"的题额清晰而有力,在晴天的阳光下闪着光。走进大门,眼前是大型道观都有的灵官殿,那高举钢鞭的王灵官好像想告诉我们什么,扑鼻的香气引导我们细细地品赏这里的道教文化,也让人油然而生探索之心。

那么,就让我们走进海上白云观的时空吧。

白云浮东海
古观现沪城

　　上海白云观,实际上以前叫作海上白云观。海上即上海,也许仅仅是一个雅致的称号。但也许,另有深意?然而,这已经深深地埋进了历史的尘埃。我们还是从白云观的历史讲起,先探寻一下它的源头——雷祖殿吧。

雷祖殿

始建

海上白云观，最初并不是今名。今天的名号定下之前，已经历了一番沧桑。它的起点，是清代时非常普遍的雷祖殿。而最初筹划建庙的，是一位全真道士王明真。他于清同治八年，即公元1869年，开始建庙，离现在已有140余年。那也就是现今的白云观的年纪了。

这雷祖殿的名号，现今的人们已有些陌生了。但从北宋后期直到清代，这样的庙宇宫观，所在多有。为什么呢？这要从雷祖大帝这位神明的来历说起。

雷祖，全名为九天应元雷声普化天尊，是主管天上雷霆的祖师爷。不过，唐五代时，人们还不甚知道他，宋代，随着五雷正法出现之后，他的大名才大大地显赫起来。

在中国人的传统中，素来有对于雷神的崇拜。据说，这种崇拜可以追溯到上古时代。我们小时候说了顶撞父母和其他前辈的话，乡下的长辈都会说："忤逆的话说不得，雷公要打的哩！"或者是浪费粮食将饭胡乱倒在地上，他们也会说类似的话："太糟蹋了，白米饭都敢倒，雷公要打的！"小孩子便会低下头，认识到自己的错误。雷公，是当时帮助树立正确的行为方式的重要手段，同时从正确的行为规范，多少知道一点道德的训诫。雷公对我们来说很抽象，我们并不大清楚他是什么神灵，但是听到轰隆隆的雷声，都很害怕。长大了，读了道书，才知道，在道教的历史上，有过一种法术的体系，叫作"五雷正法"。雷公是这法中召役的神灵。在雷公之上，还有一个完整的神灵谱系，也有种种深奥的理论加以说明。雷祖，就是五雷正法中最高的神。

五雷正法的流行是从北宋末年开始的，以后一下子兴旺起来，凡学道法，必讲雷法。因此雷祖殿的兴建也就很寻常了。上海地区，同样不难见到雷祖殿。在五雷正法最兴旺的南宋和元代，上海的松江地区就已经有了行雷法的高明之士，此人名叫王惟一，曾写过一本《道法心传》，专讲雷法，同时又编了一本《明道篇》，讲内丹学。原来，雷法以内丹的修炼为基础，自己内炁充盈，才有行法的基础。这两本书，都收入了明《道藏》，是上海地区的作者所著而收入道藏的仅有的两本书。王惟一的著作，是理论，而这一理论的成熟，当然少不了雷法在这些地区传播的基础。事实上早在南宋时期，上海所属的江南地区，包括浙江的杭州、嘉兴，江苏的苏州、无锡，都是雷法流传广泛的地区。雷祖殿在这些地方分布也很普遍。或者独立建立，或者在大型宫观中设专殿，雷祖的供奉随处可见。近代著名的音乐家、《二泉映月》最初的演奏者瞎子阿炳，原来就是雷尊殿的道士。雷尊殿，也就是雷祖殿。

那么雷祖究竟是哪一路神仙，为什么会受到那么普遍的供奉呢？

五雷正法初出现时，道门中对于管雷法的最高祖有两种叫法，一种是九天应元雷声普化天尊，一种是九天雷祖大帝，以至于科仪的编制者不知如何取舍，干脆将两者同列在一起。其实，大帝就是天尊，不同的称呼，指向同一个对象：雷法的最高神。

这一位神明，在南宋白玉蟾等人的《九天应元雷声普化天尊玉枢宝经集注》中做了介绍。这位神明是元始祖劫，一炁分真，为神霄玉清真王应元之体。意思是他为天地历劫中最早的那劫元始之炁分化而出神霄玉清真王，雷祖就是玉清真王的分身。九为阳数，九天也是天的最高处，雷祖前冠以九天之号，是表示他为至阳之炁。雷祖的权威非同凡响，他管理着全部雷部神将神司，率领他们主掌天之祸福，万物之权衡，一切人、物的生杀，并且有纠察人间的大权。无论是皇天，还是地上的后土皇地祇，都必须依雷霆来行政。所以说，雷祖之体，就是三清道祖之体，雷祖之本，就是十方至极的高真。他接受玉皇大帝的号令，代行天政。北极紫微大

◎ 九天雷祖大帝

帝,是他的直接指挥掌管者。按:中国人以九为至阳之数,以五为至中之数,雷祖合九五之尊,是至阳至中之炁的代表。因为他的这一特殊地位,便成为宫观普遍供奉之神。民间也围绕他而形成种种习俗。据说农历的六月二十四日,是九天雷祖大帝的生日,道观例行法事,而民间也有吃雷斋、雷素的风俗:到那一天吃素斋,以悔过积德。

这大约也就是上海建立雷祖殿的信仰前提吧。

当时那座雷祖殿,建在上海城的北门外,一个叫作东新桥的地方,离北门外一里多路。这地方,处于现今的浙江路、湖北路一带。只是城市变化迅速,早已找不到原来的风貌了。

而建这座庙的全真道士王明真,也要交代上几句。

这位王明真,是从杭州来到上海的。杭州的全真道脉,历史悠久,然而清代的兴盛,却是自金鼓洞始。这一系,传的是以丘处机为始祖的龙门派。王明真的"明"字,说明他是全真龙门的第二十代传人。这位全真道士,为什么跑到上海来创建一座雷祖殿呢?须知,雷祖的出现在北宋,而盛于南宋,在北方的黄河流域,当时在金占领下的地域创教,并没有涉及雷祖大帝以及他所表征的五雷正法。他来创建这样一所道观,是否有些奇怪?

其实,在清代全真道士创建雷祖殿,并没有什么奇怪。

按:五雷正法的创立与发展,主要靠符箓派道士,最早可能出自北帝派(以北极紫微大帝为主法),后来神霄派、清微派以及北宋时期的正一天师张继先，都以精于雷法出名。再后来，各新出的符箓派，在元以后，都并入了正一，原来龙虎山天师府中建有正一宗坛，便改为万法宗坛，——容纳了各派的神祇和祖师系统，表示万法归宗。元代开始，全真道传播到江南，虽然大家的宗派不同，但都是源出老君的两个分支，全真道的创建较晚，但是他们追溯自己的道脉，仍溯至老子，所以自称为"道德全真"，与当年张天师创教时得到老君启示，在源头上一致。所以全真、正一的分别也不那么壁垒分明。相互学习、相互容纳的地方比比皆是。况且，雷祖的信仰已遍布民间，各地皆然。清代离全真祖师王重阳的创道已经过去了几百年的时间，全真道已经传遍全国，而他们传到新的地方，也要与当地的民众信仰的习俗相适应。这样，全真道观所供奉的神灵便必然越出他们初创时的藩篱。像九天雷祖大帝这样几乎全民信仰的神灵，进入全真道士的殿堂，是再自然不过了。所以全真道徒来建雷祖庙，并没有什么奇怪，而是顺理成章的事。

不过，正因为此庙创建者是全真道士，为后来成为全真十方丛林，埋下了伏笔。而且，王明真的初衷，正是通过这座宫观，最后募集资金，建立起一个全真的十方丛林。

这在某种程度上便定下了这座宫观的发展方向。

庙宇扩建和初次搬迁

雷祖殿初建时，面积不大，名气也平平。但随着城市建设的发展，它面对着新的机遇，也面临着新的挑战。应对这一挑战的，有一位关键性的人物——徐至成。

徐至成，道号海卿，江苏太仓直隶嘉定县（今为上海嘉定区）人，于清道光十四年（1834年）十月十五日出生于一个书香门第。自幼受家庭私塾教育，文化根基深厚。26岁时因战乱家破人亡，毅然弃家学道，参访过不少江浙地区道教的洞天福地。最后投于王明真门下。王明真羽化之后，

由徐至成接替他成为雷祖殿当家。

光绪八年（1882年），因为马路需要拓宽整修，在当时英租界范围内的雷祖殿被勒令拆除，徐至成百般周旋，希望能保住恩师花了很多心血募建的上海第一所全真道观，却无济于事，雷祖殿最终还是需要另觅新址。而找到新的合适的地方和筹措重建的经费又成了迫切需要解决的问题。没办法，徐至成只好带着几位道长跟当地常来观里的一些富商大贾去商议，苦口婆心地劝说他们能够出钱资助这一功德无量的事情。最终，功夫不负有心人，上海仁济善堂的绅董们为徐至成的行为所深深感动，愿意出资。在仁济善堂绅董贾雨皋、邓善初、葛藩甫、张德澄等诸位先生的支持和赞助下，徐至成在当时的西门外万生桥西南（方斜路西林后路）购得了一块地，重建了雷祖殿。光绪十二年（1886年），扩建了斗姥殿、客堂和斋堂等，又购得贴邻慈云庵的房屋21间和土地2余亩。这样，为以后的发展打下了很好的基础。

从东星桥迁到西林后路，是这座庙宇的第一次搬迁。从此它在西林后路站立了122年。

☼ 十方丛林规制初备

光绪十三年（1887年），徐至成主持建立了一套十方丛林清规制度，将雷祖殿定为"永归龙门正宗主持"的"十方丛林挂单接众之处"，使得雷祖殿成为一所比较完整的真正意义上的全真道观。

原来，道观有各种类型。首先是，在道教的宫观中，有些是对外来的同道接纳住下的，称为丛林，道士入丛林，叫做挂单。挂单有一些规矩，这里不来详叙。与丛林相对的是一般的庙，一般不接待外来的道士，如果是家族中传承，则叫子孙庙；为一地或一族所有的称"公庙"。说到丛林，在全真道中又有两种情形。本来，全真是出家的，道士没有自己的亲生儿子，所以，能继承某一宫观的，只能是徒弟中的某一位。如果宫观用师父传徒弟的方式延续，这种丛林称子孙丛林。而如果在老的宫观负责人（一般是方丈）临近羽化或羽化之后，在全国道门中选择名望高道行好道风正的道长为本观负责人的，称为十方丛林。十方丛林的规制都比较健全，在组织上设方丈、监院等职事。方丈常在全国的全真道中选择，待受戒制度普及后，须是在受过戒且名列"天"字号也就是名列前茅的才得充任。方丈是宫观的总领导，但平时的管理工作，则由监院负责。监院下面还有若干管理执事人员。全真的戒行制度，都要求出家，不得犯淫戒，平时吃素，不能沾荤。道众在观中行为规范都有明确规定，而且严格执行。所以，全真宫观，尤其是十方丛林，规矩都很严，宫观都制定严格的清规。违反了清规，就要受到惩戒，轻则罚油、跪香（跪下思过，时间以燃完一炷香计），重则革出教门——那是犯严重的罪过才会有的。当年丘处机就曾制定过《全真清规》，为后世制定清规所取则。清规都要张榜公布，称"清规榜"。住在宫观中的道士，每天必须按规定早晚上殿念经，称早晚功课。据北京白云观清光绪年间的刊本《全真早晚功课经》序说，"功课者，课功也"，说上早晚功课，是检查每个人修道功行的必须之举。另外，作为集体居住之区，财务、采买、庙门开闭时间、外来接待，等等，都有若干规定。所以，徐至成亲为制定规范，在制度上体现了也保证了全真十方丛林的内涵和基本面貌。

光绪十九年（1893年），时任上海商会会长的陈润夫及程霖生、朱佩珍等诸位先生有感于徐先生的为道大公之心，资助徐至成在原雷祖殿的基础上先后扩建了三清殿、吕祖殿、丘祖殿、甲子殿等，使得雷祖殿成为前门在方斜路，后门在肇周路，占地十四余亩的全真道观。这不仅在宫观的面积上大大扩展，而且在殿堂、神像的设置上，体现了全真十方丛林的特点。其中最重要的是吕祖、丘祖二殿的建立。

原来，全真道素来有五祖七真之说。五祖是指东华帝君、正阳帝君钟离权、纯阳孚佑帝君吕洞宾、刘海蟾，和重阳子王嚞，号称五祖。其中王嚞是全真教的实际创立者，纯阳帝君吕洞宾在民间的影响最大。清代有人说，当时在民间占尽香火的有三个神：佛菩萨中的观世音，神仙中的吕纯阳,神圣中的关公。不过,尽管各宫观都常见吕洞宾,民间也普遍供奉,但对于全真道的宫观而言,意义却不一样。因为这涉及他们的祖师系统:吕洞宾为五祖之一,称为吕祖。供奉吕祖对他们来说,是认祖归宗的行为,是为了表示自己道脉中的那一重要环节。不过,吕洞宾常在人间行走,是一位千面神仙,宫观里的造像却要费些思量。经过长期积累,一般在大庾岭以北,吕祖的面容丰满圆润,而在岭南则瘦削威严。当年徐至成造的吕祖像,想来是北边的一派吧。

另一位更加能体现其道派归属的神仙,是丘处机。徐至成建的丘祖殿,就是供奉他的专殿。丘处机,是王重阳的七位最重要的弟子之一。王重阳传的弟子极多,但最重要的是马钰、刘处玄、王处一、郝大通、谭处端、丘处机和孙不二七位,号称七真。他们各传一派,道脉绵绵,构成全真道的庞大体系。其中丘处机号长春子,在七真中年龄不算最大,但对后世的

◎ 全真宗祖图中的吕洞宾

◎ 吕洞宾像

◎ 全真宗祖图中的丘处机画像

影响却可算第一。原来，在王重阳大徒弟马钰羽化后，另外几个弟子都曾受到金朝廷的重视，像刘处玄、王处一和丘处机都曾受到过皇帝的召见，让他们主持普天大醮等大型的法事，名重一时。但在金衰、宋乱的情形下，丘处机先后婉拒了金、南宋朝廷的召请，独独应了当时还在西征、尚未在中原立国的成吉思汗的邀请，远赴大雪山（在今阿富汗境内）去见大汗，而且劝大汗不要嗜杀，"唯不嗜杀者可以得天下"，得到大汗的赞赏和推崇，让他管理天下道教，回程时得到大汗赏赐的虎头牌，一路上以牌为威释放了不少被蒙古人俘虏的平民，掩埋了战乱而死的骸骨。后来他回到大都（今北京）的天长观，朝廷为他而下令改名为长春观，后来即蜕化于此。此处便是现今的北京白云观。他传的一系号龙门派，由此成为大系。而且，在明末清初时，出了一个王常月，为龙门第八代律师，他改革了一些制度，将原来单传独授的受戒制度，改成公开受戒。在得到顺治、康熙皇帝支持的前提下，他自己又亲自跑到湖北武当山、江苏南京等地传戒，由此龙门派大行于天下，成为全真道中最大的派别。徐至成的师父王明真，就是全真龙门派二十代传人，他自己则为至字辈，全真龙门第二十一代传人。因此，建立丘祖殿，也就是他们这一派的共同开山祖师殿，意义非同一般。

有了制度上的建设，又有了殿堂设置上的保证，雷祖殿实际上已经成为建制完整的全真十方丛林。

道映申江：海上白云观

迎请《道藏》

徐至成将雷祖殿经营成一所全真十方丛林，还是从殿堂和制度上着手，有如今天讲的硬件和规则，但是作为一座宫观，没有一个足以压得住阵的宝物可不行。比如足以傲视群真的神像、丰富的书画文物等可作为镇观之宝的东西。雷祖殿创立不久，那些，恐怕都还只存在于道众们的期望之中。

这时的徐至成，陡然想到了迎请一部明《道藏》！

迎请一部《道藏》的愿望那么强烈地从徐至成的心中升腾而起，看似突发奇想，但却是萦怀已久，只是以前是一种深深的羡慕、憧憬，而这时却变成了极为强烈的驱动力。

原来，这一驱动力的形成，既有《道藏》的巨大吸引力，也与此前徐至成到北京白云观参加受戒直接相关。

从《道藏》的吸引力说，那当然是毫无疑义的事，任何一个宫观，任何一个有眼光、有知识的道长，都会以自己的宫观内藏有一套《道藏》为荣。盖《道藏》不仅是道教经典的总集，而且素来由明、清两代皇帝御赐给各大宫观，被赐者有莫大的荣耀。然而，得此荣耀的只有极少数宫观，其他宫观则好像是可望而不可即。要想得到这部神圣的经典总集，需要机遇，道门中称为道缘。

徐至成想得到《道藏》的强烈愿望，正是被一次机遇而激发。

原来，他作为虔诚的全真道教徒，曾有缘到北京白云观受戒。而这次去京，他看到了龙门祖庭北京白云观的庄严面貌，知道了所藏的《道藏》之珍奇，最重要的是，结识了当时北京白云观的监院高仁峒。这位高监院可是一位神通广大的人物，与宫观太监以及一部分王公贝勒都很有交情。

而在京的族人中，有一位徐颂阁，为同治年间的状元，当时正任着京官，能够直通到宫中，算是一位通天的人物。这样的机缘使得徐至成迎请《道藏》的心愿变得更加强烈，而且也似乎有了实现的可能性。

这位徐颂阁，也算得上清末的一号人物了。他名徐郙（1836—1907年），字寿蘅，号颂阁，江苏太仓州嘉定县（今属上海市嘉定区）人。生于道光十六年（1836年）。清同治元年（1862年）壬戌科状元（该科为庆同治帝登基特设恩科），授翰林院修撰，掌修国史。同治六年（1867年），出任河南乡试正考官，后任江西学政。同治十二年（1873年），累升为侍读学士。历任顺天乡试同考官、礼部侍郎、礼部尚书、左都御史、协办大学士等职。卒于光绪三十三年（1907年）四月二十五日，年七十一，谥号"文慎"。

顺便说说，这位徐颂阁也是位画家、书法家。他工书善画，书精行楷，他的书法作品用笔是中锋与侧锋兼备，藏锋多于漏锋，行笔沉稳，点画精到，有大学士的从容之感，显得稳妥典雅，点画之间既有王羲之的神韵，又有颜真卿的风骨，并因此颇有时名，在中国历史上官员书法家中占有一席之地。绘画受蒋廷锡指点，擅作花卉、山水，其作花卉工秀，山水精绝。点染工秀，笔轻墨清，有一种松江风韵，馆阁气息较浓。此处暂且不论。

光绪年间，徐颂阁官运亨通。从同治年间的历练，已经升为侍读学士，有了直接与皇帝见面的机会。光绪年间，又一路升迁，直到尚书，最后做到协办大学士，不过那是已经在徐至成羽化之后了。当徐至成萌发强烈的请《道藏》愿望时，徐颂阁正是官场得意之时。因此，他的存在与荣宠，向徐至成暗示着一条可能的直达"宸听"的通道，这对于请《道藏》由愿心转为现实，至少提供了一种可能性。

且说徐至成在北京时交好高仁峒，同时又有朝中大官同族徐颂阁的援手，请《道藏》机缘看似成熟，于是，光绪十四年（1888年），徐至成偕执事孟裕盈、黄至纯先后进京，在徐颂阁和高仁峒的协调下，又结识了清宗室人士德驹。由于这几位的努力，终于获得清朝廷的恩准，赐一部《道藏》。不过，赐《道藏》是有条件的。仅一个创建年份不多，在国内宫观中

道映申江：海上白云观

名气平平的"雷祖殿"，殊难完成。于是大家商议，雷祖殿更名为"海上白云观"，隶属于北京白云观，为北京白云观下院。这样，便有了一个向清廷请《道藏》的正式名义。因为北京白云观在当时正得朝廷重视，而且在国内道教界本身地位也极高：全真龙门祖庭！在当时也是全真祖庭中最重要的一个。按照全真道的历史，创教者实际为王嚞，元朝初年，全真道地位隆盛，按照皇帝的圣旨，在他的家乡现今的陕西省户县，建有一个重阳宫，这才是全体全真道的祖庭。然而，此宫地处偏远，而且在清末影响并不大。而北京白云观虽则只是全真一支——龙门派的祖庭，但因为地处帝都，易于结交达官贵人、饱学名士、文苑英华，便有了特殊地位。更重要的是，龙门一系，在明末清初之后，有过一个中兴的机会，成了全真道中影响最大的门派。作为它的下院，便也具备了特别的地位。改名为北京白云观下院的协议确立后，又经过徐颂阁、高仁峒一干人的努力，终于被清朝廷恩准，赐予明《正统道藏》和万历《续道藏》共八千余卷，并择吉日运往上海。

海上白云观名的确立

✡ 接《道藏》

《道藏》经过徐至成的努力，终于从北京请了回来。

根据与高仁峒及各位大臣商量的结果，《道藏》通过水路走。徐至成怀着既兴奋又紧张的心情，与书一起上船，一路护送。马上要抵达上海了，他更加高兴也更加紧张，惴惴不安地等着靠岸的那一刻。其实，上海这边，也有些紧张。《道藏》到岸时怎么迎进观里，可着实费了一番心思。

原来，这《道藏》可比不得一般的私家物件，它可是御赐的！当初赴京请《道藏》，虽然得了北京白云观高仁峒等人的帮助，而且为此还用了"北京白云观下院"的名义，但是，毕竟，它并非直接来自白云观，而是通过这一桥梁，向朝廷请来。朝廷所赐，当然是御赐了。

所以，当它被运到上海时，就连当地的官员也不能不出而迎迓。

《道藏》是经水路运来的，船靠在东门外的码头。那一天，上海地方官员和绅董早早地在码头上迎候，准备装《道藏》的马车特地用黄缎子装饰一新。——须知，黄色在当时可是一个专用色。皇帝穿黄袍，皇族可以用黄色，而一般汉大臣，则有幸被赐黄马甲已是了不得的恩宠了。这次能用黄缎装饰，因为接的物件不一般，是御赐之物。

装有《道藏》的船，缓缓靠岸，最后停稳在码头边上。此时，鼓乐齐奏，欢声雷动。地方官员与绅董在前，大批的道士在后，齐刷刷地跪了下来，在司仪的指挥下齐声山呼"皇上万岁万岁万万岁"！一边呼着，一边行三跪九叩的大礼。一番跪迎之后，《道藏》被一函一函地小心搬上马车。马车是用黄锦缎装饰，金闪闪的，而道藏书函也是锦缎包装，虽然为装运而做了包裹，但偶尔仍有金光从函角露出，于是车装金缎，内闪金光，好不气派。马车徐徐行进，那官员们、绅董们、道士们，像是仪仗队，像是护卫队，原来上海道台老爷用的"肃静"、"回避"的大牌理所当然地走在最前面。"喤喤"的锣声，引来了许多围观的民众。

　　穿过城中的路不长，却走了一个多时辰。从东门进，老西门出，然后转入方斜路，直到西林后路雷祖殿的大门外停了下来。观中道士早已在大门外雁行排班，先在车前行大礼，跪拜接受道经。然后由几位道友小心翼翼地捧着一函函的经书，稳步走上二楼，到了藏书的那间屋子又有道友恭恭敬敬地接手放入事先准备好的书柜。待全部道书摆上柜，徐至成亲自清点无误，方才向着经书跪叩。这时大家都松了口气：总算大功告成。去掉包裹经函的皮纸，黄色锦缎包装的经函顿时显出特别耀眼的光芒。此时楼下殿堂中正举行着迎藏上表仪。待这边一切都安放妥当，然后关闭书柜大门，架上铜锁，才算是安放就绪。紧接着，徐至成又另换绣着郁罗萧台的高功服，率领道众上香，并亲自踏罡步大周天斗，上表太上，报告接藏成功，

◎ 明道藏举例

并谢过道恩。这天徐至成心情特别兴奋，走在罡单上轻松异常，步点轻盈，衣角飘飘，似乎真的在云彩中飞，旁边围观的人们也受到深深的感染，似乎身心皆沉浸于道炁的温暖之中。

接着，徐至成又率道众，来到丘祖殿前谢过祖师。这样，丘祖门下法孙的名分，似乎也更有铁证了。

❂ 北京白云观下院

因为在请《道藏》时是以北京白云观下院的名义，因此在《道藏》进来后，雷祖殿正式更名为海上白云观，隶属于北京白云观，为其下院。

一个宫观要更名，是十分慎重的事。一旦确定，则必须如期举行科仪，挂上新的门额。当时的情形下，海上白云观的更名仪式，也十分隆重。徐至成等一干道众举行了法事，雷祖殿的门额从大门上换下，但原来的雷祖殿还是保留，只是此时已成为一个专殿。整个宫观的门额则换上"海上白云观"五个大字。其余各殿的殿额依旧。走进海上白云观大门，各殿堂相互连贯，成为一个整体。规整，庄严，气象非凡。

作为北京白云观下院的海上白云观，按理应有一套完整的班子，以方丈为首。然而，自它挂牌之日起，却始终没有方丈一职。这是相当奇怪的。

徐至成是海上白云观的实际开山祖师，但他一直是白云观的监院。以后也没有其他的方丈出现。直到白云观最后一任全真道的当家吕崇安，都没有方丈的身份。这是当时与北京白云观的约定，——既是下院，则以北京白云观的方丈为方丈，还是别的考量，现在我们已难以知晓。但这一制度一直保持到改革开放以后，成为海上白云观的一大特色，也是一个谜团。

高道纷纭集
道脉绵绵承

  大凡一座宫观，要想成为一地不可替代的著名场所，除了殿堂规整、像设庄严、香火旺盛，内有镇观之宝，外有社会支援，还需要有高道的住持。从前面海上白云观的来历说，就可以清楚地看到这一点：没有徐至成的艰辛努力，没有他在信众中和社会各阶层的崇高威信，就没有海上白云观的诞生！

  在海上白云观的历史上，同样由于高道辈出，而显出绵绵道脉，流传不歇，小小殿堂，常显异彩。在海上白云观活动的高道，既有本观的道众，也有在白云观这方宝地上施展手脚的宗师。其中包括开山祖师徐至成，龙门第十九代传人、著名道教理论家、伟大的仙学探索者陈撄宁，民国后期来观任监院的著名高道李理山，以及长期在白云观二楼的上海市道教协会工作的一代正一宗师陈莲笙等。而在海上白云观处境较为困难时，北京白云观的高仁峒也一度兼任海上白云观监院。曾任中国道教协会会长的闵智亭道长，也于20世纪40年代末在海上白云观任职——任为内知客，实际即是现今的会计。这些高道在海上白云观的活动，显示了这一宫观的崇高地位；同时也为白云观带来了深厚的文化底蕴，和不断创新的道教文化。正是他们照亮了海上白云观这座历史不算长、面积也算不上大的宫观，使它在海上道门中呈现出异样的风采！

开山祖师徐至成

谈到海上白云观中活动的高道，第一个要讲的自然是徐至成。

我们在前面谈及海上白云观的来历时，就提到了徐至成。如果没有徐至成进京求赐《道藏》成功，就没有海上白云观。

❀ 入道因缘

徐至成，号海卿，江苏太仓直隶嘉定县（今属上海市嘉定区）人，于清道光十四年（1834年）十月十五日出生于一个书香门第。自幼受家庭私塾教育，文化根基深厚。

不过，虽然徐氏一族诗书传家，但其父亲却不是一个科举迷、官迷。清末，清朝廷已越来越临近覆灭。其他不说，单说官场的腐败无能，便达到了极点。明清时期，读书人重科举，争功名。像著名小说《儒林外史》中对于范进中举的描写，真是入木三分。不过，那时的学人还痴心想通过自己的努力猎取功名，及至清代末期，整个官场的黑暗，又非那些一心以科举为正途的士人可以想象了。自鸦片战争中国战败以后，清朝廷外有列强环视，内有社会凋敝，经济破产，愈益加强了对民众的剥削。公开卖官鬻爵，官员中结党营私、贿赂公行，更是在在皆是。作为一个正直的知识分子，徐至成的父亲对当时清政府统治下的黑暗官场失望透顶，对出仕为官颇为无意，但又需要奉老育幼，得找个能维持生计的出路，思来想去，自觉还比较有经商头脑，于是在嘉定县城开了一家米店。徐氏一族秉着诚信经营的理念，热情待客，在徐父的努力经营之下，米店生意兴隆。在这样的乱世之下，徐家能过着如此和乐的生活，实属不易。先生自小就有一种匡扶救世、大道无私的自觉精神，只要碰到穷人来店里买米，便会坚持少收他们的米钱或者会在称米时在他们的米袋里多放些米。世道不济，先生经常看到无法维持基本生计的穷人在街边乞讨，心里很不是滋味，于是一有工夫便会熬些米粥，在街口设个摊子，免费向乞丐们施粥。周边的穷人们因为得到了先生的不少帮助，都将他称为"大善人"。

然而，徐家经营米店的平安日子并未维持多久。清咸丰十年（1860年）五月，太平军东进，直逼上海，第一站就攻占了嘉定县城，徐先生的父母和妻子都在战乱中不幸遇难，而辛苦积攒的家业也尽数被毁。虽然海卿幸免于难，但也对时事心灰意冷，心里愈加消沉，感到尘世再无让其留恋之处，于是不顾家人的百般阻挠，毅然决然地出家学道。

当然，他的归于道门也与年轻时所读的书及少年志向有关。原来他生性朴素，自幼天赋聪颖，加之受到家庭环境的熏陶，从小就喜爱读书，而且读书过目成诵，对各类书籍都有所涉猎，少年便对仙道崇慕不已。他曾撰文写道："方壶圆峤，崇隆焕天上之居，紫府黄庭，清净妙丹头之诀。自来神仙岂容浅测，而性命要持双修。欲拔苦海之沉沦，须识丹台之正派。戒坛月朗，尘空来色色形形，仙箓风清，便可望生生世世。"由此可见，先生当时心目当中已经有了对神仙福地的完美构想。年纪稍大之后，先生就广泛地阅读了各类玄门要典，对其主旨都能有准确的把握。

家庭变故后，先生参访了众多道教的洞天福地，曾先后去过苏州的穹窿山、句容的茅山和湖州的金盖山等，虽也求教过不少这些宫观的当家和道士，也与他们交谈过不少，但始终觉得未有醍醐灌顶之感。

直至清同治十三年（1874年），先生的艰辛求道之路才出现了转机。是年，杭州显真观（显真道院）全真龙门派第二十代律师王明真，来上海弘道，筹建雷祖殿。徐至成素闻王明真的道风，于是拜王道长为师，皈依其门下。按全真龙派的字辈，得"至"字辈，得名至成，于是为全真龙门派二十一代传人。

自此，先生对修持益加诚笃。历经数年的苦志修行，先生的修行愈发

清高,学识也愈发广博渊深,为此深为观里众人和邻近的百姓所仰慕,这一切也全被其恩师看在了眼里。不几年,王道长因病羽化,徐先生在王道长的授意之下继任成为雷祖殿的住持。

徐至成年轻时写下了"戒坛月朗,尘空来色色形形,仙箓风清,便可望生生世世"的文句,对于道教全真、正一两派皆心向往之——戒坛为全真受戒之所,仙箓为正一收徒之证,得其一便可观尘空,无生死。但因缘际会,还是皈依了全真龙门。皈依之后,他便进一步向"戒坛"迈进。

进京受戒

前面说到,徐至成年轻时曾写下"戒坛月色,尘空来色色形形"之句,而皈依全真龙门派后,就一直企盼着能有入戒坛、受大戒的机会。清光绪七年(1881年),他终于等到了这样的机缘。

这一年,先生听闻北京白云观二十代方丈高仁峒在北京白云观开坛说戒,一听到消息就坐不住了,心里很想到北京去。想到就做,先生于是不顾数千里旅途的颠簸,不几日便来到了北京。

按全真道的收徒办法,是受戒。明末清初,全真道中出了一位高道王常月。据说,原来祖师丘处机传下全真授戒的制度,不过都是单传独受,即一个弟子一个弟子地单独举行仪式。王常月乃改革授戒的方法,由单传独受改为集体授戒。王常月自己则得到顺治、康熙两代皇帝的支持,先后去武当山、南京等地授戒。他在南京授戒时所讲的法语,被记录下来,称为《龙门心法》,后来又被龙门派的十一代传人闵一得改称为《碧苑坛经》。王常月传下的戒法,内容上包括初真戒、中极戒和天仙大戒,合称为三坛圆满大戒。只是授戒是大事,并非随时举行。就是北京白云观,授戒也是一种旷世大典。所以高仁峒方丈将于近期授戒的消息一传出,全国的全真龙门派弟子,都莫名地兴奋,向往着上北京完成自己多年的心愿。为了开坛授戒，北京白云观布置了专门的坛场。当时的坛场在哪里已经无考。现今的北京白云观中建有一座戒坛，上书"致中和"三字。不过，那是出自与徐至成同一坛受戒的陈明彬之手。陈明彬在受戒时道学精深，才艺出众，因此得到赏识，被任为律师。他于光绪十八年（1892年）建立了这座戒坛，只是离他自己和徐至成的受戒，已经过去整整十年了。

且说徐至成顺利抵达北京，在北京白云观听高仁峒住持说戒，学法，演礼，考戒，终于受初真、中极、天仙三坛大戒，完成了自己的长期心愿。按照当年王常月律师的规定，龙门弟子不仅要有官方认可的道士"度牒"，还得有"戒牒"。只有这二牒俱全的才算合格。徐至成得受大戒，在自己的修道境界上无疑是上了一层楼。高方丈亲自交付给徐至成衣钵，并教授了经典和丹诀。他用心聆听，大有开悟，道法进益很大。

我们在本书开头就叙说了海上白云观的得名，来自于徐至成进京请赐《道藏》成功。这一过程，且不来重复。这里要指出一点：如果没有他去北

◎ 北京白云观戒坛

京白云观受戒，那么以后的请《道藏》成功，就无从谈起。正是因为受戒拜识了高仁峒，才有了请《道藏》的一条通途，也正是因为他曾受过三坛圆满大戒，才能获得高仁峒和其他支持者的青眼，取得他们的鼎力相助。所以这次受戒，不仅关乎徐至成自己下半生的前途，提升了他的修道境界，同时也直接影响到海上白云观的得名等一系列重大事件。

海上白云观首任监院

当时雷祖殿虽然规模已经不小，但在全国宫观中名气并不大。待入京请得《道藏》，才使得这一全真丛林在整个道教界名声大振。

徐至成到北京请赐《道藏》，一个重要条件是雷祖殿改名海上白云观，成为北京白云观的下院。随着《道藏》被请进雷祖殿，改名仪式也因之完成，"海上白云观"的门额高高悬挂。

由于徐至成在上海道教界的威信日隆，特别是在入京请《道藏》等一系列大事上的卓越表现，他自然成为海上白云观的第一任监院。

按照全真道的规范，像海上白云观这样的十方丛林，有一整套管理制度，也相应地有管理职司人员，拿今天的话说，就是完整的领导班子。一般十方丛林的主要首脑是方丈。但可能是因为海上白云观为北京白云观的下院，始终没有自己的方丈，实际主持宫中事务的是监院。所以徐至成便是海上白云观的实际最高领导。

徐至成在上海道教界声誉日隆，在社会上结识了许多高层人士，同时也获得了更多的社会资源。这对于海上白云观的发展极具帮助。比如那七尊明代造像，便是因了这样的因缘而进入海上白云观的。

光绪二十年（1894年），上海海关查获并没收了准备盗卖出国的七尊明代铸造的镏金铜铸神像，后经过文物专家的多方考证，确定此七尊铜像系道教神像。

先生听说此事后，立即向上海商会会长、海上白云观护法陈润夫先生提议，能否设法将这七件道教神像转放于白云观保管。陈先生也觉得此事合情合理，大为可行，于是便以道教神像应当由道教宫观保管为理由，顺利说服上面的官员，将七尊铜像无条件移送于海上白云观供奉。

这其中，五尊天将为站像，高177厘米，云带飘逸，法相威严，铸工精细，都堪为上品。两尊张天师、许天师铜像亦为站像，高175厘米，仪态端庄，面容慈祥，铸造也极为精致。这七尊明代铜像至今仍然完好保存于海上白云观内，这是全国其他道观所未见的。观里另有真武大帝坐像一尊，高131厘米，铜像背后铸有明万历二十三年（1595年）铭文。此外，还有一尊玉皇铜坐像，系清代所铸。

至此，经一代监院徐至成十余年的苦心经营和苦志修行，海上白云观终于成了东南地区颇具威望的全真道观。

光绪十六年（1890年）农历七月十五日，海上白云观第一任监院徐至成猝然羽化，享年56岁。先生即将羽化时，曾嘱咐众人道："我经历了二十多年的苦难才有白云观如今的规模，并永列十方丛林，使得我全真龙门派云游至上海的道侣们，能够有一个遮风避雨的栖息之地。你们要公开选举有才德的人继任监院，不可以私收徒众，扰乱规模，败坏产业，这样才不至于辜负我的一番苦心啊！"徐先生的得意弟子黄志纯等人将其下葬在先生生前亲购的西门外的日晖港墓地，并追尊先生为大真人。此后，每年的这一日子，海上白云观都要举行隆重的法务活动来纪念和缅怀徐先生尽其毕生之力为白云观所做的一切。

徐至成是海上白云观的开创者，是名副其实的开山祖师。

道映申江：海上白云观

道门侠义李理山

李理山，江苏镇江人，生于清同治十二年（1873年）。自幼在杭州玉皇山福星观拜师出家，道号紫东。因其才华出众，在20岁时就成了福星观的当家。自此，于内潜心修持，于外扩建丛林，在江南道教界声名愈高。64岁时，抗日战争爆发，他带领道众投入抗日救亡运动当中，于福星观中收留2000多名难民并供给衣食。后来上海创建福星观上海分院。1947年，给予来沪创办上海市道教会的张恩溥天师很大的支持，并应其之邀出任上海

◎ 福星观

市道教会理事长。1948 年，以 75 岁高龄应聘为海上白云观第十八任住持。1951 年，因受诬陷，被杭州市军事管制委员会逮捕。1956 年被以反革命罪判处有期徒刑十年。不久，含冤羽化于劳改狱中。1986 年得以撤销判决，恢复名誉。

道侠印象

玉皇山福星观是道教全真派在江南五省（苏、浙、皖、赣、闽）的第一座"子孙丛林"，香火旺盛，远近闻名。理山道长自幼在此名山宫观中读经习武、陶冶性情。他既精通道教斋醮科仪，而且娴熟道门内家拳法，体魄矫健，武功超群。为人慷慨仗义，修道严守规戒；办事果敢公道，刚直不阿。

据福星观的道长回忆，李理山住持拥有一种不同寻常的气质。高大、清瘦、威严、一绺胡须、亲切的微笑，这些都是李住持的标志。他的个头微微偏高，平素喜穿一件黑色丝绸长袍，头戴一顶黑色丝质平顶帽，一块椭圆形的白玉修饰在前方。他的面容最引人注意，神态沉肃坚毅，蓄一把并不浓密的黑色短须。他的双眼有一种穿透力，黝黑、威严，充满了智慧和生气。

在宫观生活中，他不仅严于律己，而且勤于诲人，对道众日事诵经习武之事，都不准稍越规范。他带领道众在山上植树造林，修建宫观殿堂，并挖掘了"天一池"，开辟了"紫来洞"，使玉皇山成为满山葱翠、殿宇庄严的洞天福地。由于福星观声誉日高，李理山在江南道教界中也成了赫赫有名的人物，被称为"江南武林侠义之士"。

弘传道法

理山住持对于"道"有着自己的深思熟虑的见解。他讨厌表面的伪装，

◎ 紫来洞口

在他看来，只有真诚的信念和对道的理解才能让一个人成为信道者，而不是外在的衣服。他不会要求其他宗教的信仰者改变自己的信仰，认为基督教的真理也是我们的真理，并且同样也可以说成是佛教的最高形式。只有邪恶和无知才有许多形态，真理和智慧是唯一的，相同的。有位俄国人顾彼德，本是一位基督教徒，当时遭受丧母之痛，心境处于极度哀伤迷茫之中。李理山给予了深切的同情和关怀，把他引进了一个充满关爱、宁静和智慧的国度。这显示出了理山住持作为一个道教徒的"公乃大"的宽阔胸襟。也正是这样一种毫不排外的热情态度才赢得了这样一位有文化的基督教徒的理解和信服，并最终皈依道教，成了一名道教徒。

在他看来，如果想要学习不朽的道，不能随随便便也不能着急，要慢慢来，边观察边学习。他曾有一个很有意思的比喻："轻率说出的话不能坚持；一杯水倒进焦干的地里没有作用。只有一场连绵的细雨才能渗透土地孕育出生命。"他不主张到太多的书里去搜寻查找，因为每本书里都充满了观念，也难免偏见和陈腐的东西。只需要读一本而且是唯一一本——祖师的《道德经》，然后试着去理解它，不要通过玩弄、歪曲字句的意思，而是要通过心和灵的直觉。不要问太多的问题，而是要耐心观察道士们所做的事，体会隐藏在行为中的动机，而并非为了表现。不要过多受理智的引导，而要跟随诚意、爱和自己的内心，它们是理解和同情的另一个名字。学习道需要的是智慧，而不是知识；因为一个人如果有了智慧，知识便自然而来。不朽的道是无限的智慧、无限的爱和无限的简单。

慈悲之心

理山住持和福星观的道士们常常施与慈悲之心。每年年前，玉皇山福星观总会有一次聚会。聚会的主角并不是道友和信道者，而是和尚和尼姑。这是李理山道长为自己的佛家兄弟，尤其是那些贫苦的兄弟们安排的特殊节日。每逢那个日子，福星观的院子里就会站满和尚和尼姑，他们中有干枯萎缩的老人、精神健旺的青年人和仍然幼稚的少年。穿在他们身上的薄薄的灰布袍抵挡不住袭来的寒气，所有人的身体微微颤抖着，不停地来回跺着脚。每个人看上去都显得营养不良，形容消瘦。

杭州曾经是佛教传播非常重要的地区，远的不说，光看五代时灵鹫峰上的石刻，现存灵隐寺的气派非凡，钱塘江畔六和塔的出乎霞表，行走在西湖边，北望则保俶塔耸立，南顾则雷峰夕照依稀可见，那气势，那深沉，都非他处可比。奈何在民国时期，兵荒马乱，先有军阀混战，后有国内战争，复经日寇侵略，弄得山河破碎，民生凋敝，寺院荒芜，所以僧尼也跟着遭殃。比较起来，福星观还算是能做到衣食无忧，其实也就是食能果腹而已。加上全真道与佛门本来就有很深的缘分——当年重阳祖师创教，便以三教一家的观念为指归，全真的吃素出家和受戒都采自佛门，所以，李理山才会对佛门弟子的苦难感同身受，着意于分食救济。每当此时，理山住持会安排观里的侍者在院子里安放好一排排桌子和凳子，一个个热气腾腾的碗放在每一张桌子上，一只巨大的盛饭的木桶放在当中。大殿里的镲钹声和铃声都停下来，僧侣们都会自发地既尊敬又热情地向李道长致意，住持则会请大家坐下来开始用饭。吃完饭，住持会一桌一桌地递给每一位客人一个装着钱的红包。相对而言，比起其他场所，福星观还算是比较富足的道观。理山住持利用这每年一次的聚会，为那些贫苦的出家人准备一顿热饭并给予他们一定的经济帮助，以此来表达同情和对其他宗教休戚相关的情意。在李住持看来，他有责任去帮助那些无论有什么宗教信仰的兄弟，而且他会以同样的方式对待任何一个宗教徒，无论是佛教徒还是基督教徒，如果他们来到福星观需要他的帮助的话。此外，住持经常悄悄地去看望一些处于困境中的家庭，喝茶的时候送给他们一个小小的红包。这类的行善义举，李住持却绝不会张扬，也不会当作是自己积德的一种手段，而只是从内心意识到，这一切作为只是因为"道"，是"道"让他自然而然地做这一切。

李理山做的慈善事业，不限于物质上的资助和生活上的关心，同时也运用着他对道的体会，以道观照人生的大智慧，助人向道，并在学道中寻求人生的幸福归宿。当时杭州一个老茶商王老先生，和理山住持是多年的朋友，就住在玉皇山下西湖边的一幢别墅里。有一天，他向李住持吐露了自己的心里话。他说他已经度过了幸福的一生，感觉心满意足了，此生唯一的愿望就是希望能够幸福地死去。说完，他请求李住持通过祈祷和精神影响，帮助他实现这个最后的心愿。李住持答应会尽力帮助这位老朋友和福星观的资助者。当然，他的帮忙集中于精神层面，他向王老先生说大道，说生死，说因果。这种道门精神的滋润，让王老先生心田渐渐趋于良化。几个月后的一天，王老先生坐在花园里享受着宜人的天气、芬芳的花木和美丽的西湖景色，他看见一只白兔钻出草丛向他跑来。白兔蹲在他的脚边，他想抓住它，但白兔倏地跑开了，引逗着王老先生满花园地追赶。最后白兔躲进了一个小塔，王老先生捉住了它，把它抱在怀里。和白兔的一番嬉

戏让他太累了,后来人们发现他躺在那里永远地睡着了,同时,脸上还留着安详的微笑。李理山用道门的精神,送着这位老朋友安详地走完了生命的最后历程。

☯ 乱世救民

　　1937年,抗日战争爆发,日本侵略者大肆进犯我国国土,疯狂屠杀我国人民。不久,杭州沦于日寇铁蹄践踏之下。理山住持看到日寇杀人放火,奸淫掳掠,无恶不作,钱塘江边南星桥一带,房屋全部被烧毁,只剩下一片废墟。江边的老百姓,无衣无食,扶老携幼,挣扎在死亡线上,流亡逃难。真是哀鸿遍野,处处狼烟。李住持义愤填膺,热血沸腾,再也无法静下心来潜修于静室。出于强烈的民族自尊心和爱国情感,他毅然决定,停止所有宫观宗教活动,带领道众全力投入抗日救亡的工作。他敞开了紫来洞道院,收容了1700多名上山逃难的难民。担心道观容纳不下这么多人,他又发动道俗群众一百几十人砍倒山上的毛竹和树木,紧急搭建起几十间茅棚,让难民有个能遮风避雨的容身之所。这许多难民,一日三餐,吃饭用粮的数字很大。坐吃山空,玉皇山的存粮很快便颗粒无存,眼看就要断炊了。李住持不畏困难冒险下山,通过日寇的层层封锁,到杭州市去找当时的慈善团体"国际红十字会"请求支援。该会派人了解山上情况,得知确实处境困难,同意供给粮食。李住持又组织人力下山运粮食。要通过日寇的岗哨关卡,困难重重。有的被查出,日寇说是给山中的抗日游击队偷运粮食,运送的人被抓去折磨,粮食也被抢去。住持只好设法请"国际红十字会"出面交涉、开证明,还要巧作掩护,才能把救命粮食顺利运送上山。但经常是粮食顺利上了山,理山住持却是空着肚子回到观里。虽然如此艰难、危险,而李住持依然认为这是义不容辞的责任,表现出了他强烈的正义感和民族自尊心。

　　山上香火既然已经停了,香资功德收入也就随之而断。而山中收留的

这近两千流民的生活，经济支出数额浩大，坐吃山空，渐渐地也就难以为继。为了解决这个问题，李理山住持在上海绅董邵长春、奚洪德等人赞助之下，于1939年派了他的徒弟吕宗安前往上海，利用"租界"的偏安，在西摩路（今陕西北路）蒋家巷"花神庙"创建了玉皇山福星观上海分院，理山道长兼任住持。道观位于西林路下方的一条小巷子里，背靠着一座大佛寺。它过去是一个宽敞却布局凌乱的私家住宅，理山住持带领道众把它匆忙布置成了一座道观的样子，将从杭州福星观请来的神灵塑像安放到大大小小的房间里。与预想的艰难大相径庭的是，福星观上海分院香火旺盛，宫观里到处都是来拜神的人。原来时逢战乱，香客们大多是为在战争中死去或失散的亲人朋友来敬香祈祷的。1941年，住持觉得有必要进一步扩展道观的规模，于是将原由正一道士朱姓（俗家的）住持的"迎禧庵"（又称"财神庙"）盘下，也改为福星观上海分院。从此，李理山住持经常往来于沪杭之间，管理道观，为上海全真龙门派的发展倾注了大量的心血。上海分院得到的宗教收入就送回杭州供给山上难民的日常生活开支，靠这样的法子维持了一年多的时间。同时，上海分院也收留了一些难民，理山住持命观里的道士收拾出干净的房间，安排他们暂时住在那里，宫观每天会为他们提供食物。同时，也常给门外那些身无分文的流浪汉免费提供食物。此外，理山住持还很注重对这些难民的心理辅导，经常亲自或者安排道士用宗教的方式给他们以心理的慰藉，舒缓战争给他们留下的哀痛和阴影。后来，杭州的战争逐渐平息下来，难民也纷纷下山谋生，人数渐次减少，玉皇山的难民收容才告一段落。李理山道长爱国爱民、济人于难的高尚品德，在这一时期表现最为鲜明卓越，因而他在道教界及民间也更受尊敬。

☯ 力传道脉

1946年6月，江西龙虎山正一派第六十三代天师张恩溥主张"宗教为重，团结为重，消除宗派之间的不睦和成见"，提出了先产生地方性道教会再组织全国性道教会的设想，期望扩大道教的政治影响。张恩溥天师首先想到了上海，希望上海道教的全真和正一两派能摒除偏见，联合成立统管上海道教的地方性道教团体。

说到这里，要稍微了解一下近代中国道教组织的某些动向。

辛亥革命推翻了帝制，传统的宗教所处的政治环境完全变了。原来清政府对于佛教、道教分别设僧道官进行管理。随着清朝廷的覆亡，原来的管理体制当然一同瓦解。受到新思潮启蒙的佛道教，都分别企图建立自己的组织。这些组织，与原来由朝廷控制的僧道官员不同，是非政府的宗教界自己的组织。这种新的组织，多多少少透出一点儿近代的民主气息。然而，这类有一点儿民主气息的组织，开始时还很稚嫩，很多方面还带有旧时代的烙印。就道教而言，进入民国后，北京的一部分道士便努力获得当时民国总统胡世昌的支持，筹划成立道教会。然而，这一会，实际上只是一部分全真道的组织，与占道士大多数的正一道并无瓜葛。这样他们的代表性便成了大问题。所以南方的正一道领袖，当时的龙虎山天师，便有了另起炉灶、成立一个综合全真与正一的全国道教组织的计划。但因为战争不断的外部原因，也由于道教界内部的宗派主义思想始终不绝，努力终归失败。及张恩溥于抗战结束后重提此事，方有上面说的事由。

张恩溥的想法，倒是与理山住持的期望不谋而合。是年冬，张恩溥天师来沪，邀集全真派李理山、艾朗轩、严洪清、王朗泉等人在三茅阁（延真观）召开了组织地方道教会发起会议。因为理山住持没有参加汪伪期间的道教团体，在全真派中又有很高的威信，会议决定由李理山为首组织上海市道教会。理山住持从经济上和人力上给予此事大力的支持，同时得到了时任上海民政局局长的张晓松的政治帮助，依靠这天时、地利、人和，经过登记入会、起草章程等程序以后，1947年3月15日，上海市道教会于杭州玉皇山福星观上海分院顺利成立，李理山当选为理事长，并兼任杭州道教会理事长。理山理事长拟订了上海道教的发展计划，并让陈撄宁先生起草了《上海道教复兴计划书》，欲从九大方面全面复兴上海道教。同时，理山理事长在其任住持的福星观上海分院开办了施诊给药的义诊所，免费为那些看不起病、抓不起药的老百姓提供帮助。还设立了"施材馆",保证每个月可以施舍棺材30口。1948年2月18日,在福星观上海分院举行庆祝"丘祖八百诞辰"的宗教活动,由正一派道士主持了祝圣仪式,陈撄宁主讲"丘祖事迹"。3月15日,该会召开第二次会员大会。1949年5月上海解放,上海市道教会自行宣告解散。虽然从成立前的构想到解散,上海市道教会只存在了不足三年的时间,但在理山理事长的领导下,其对上海道教全真和正一两派的和谐发展发挥了积极的推动作用,也为乱世中的普通群众带来了许多福利和救助。

在上海市道教会存续期间,具体说是1947年下半年,张恩溥天师为了建立统一的、全国性的道教组织同理山先生进行了多次筹划和协议。但此时的张天师,经济上早大不如前,没有实力来总揽此事,而经济实力较强

◎ 上海道教会监理事会合影,前排左五为李理山,右一为吕宗安。

的李理山，在许多问题上与张恩溥有分歧。时局动荡不安，在道教会的职务安排等事项上又无法统一。如此一来，此事最终只能作罢。不过在近代的中国道教史上毕竟是一件大事，作为这一大事的参与者，李理山在近代中国道教史上不能不记上一笔。

1948年，福星观住持李理山应聘为海上白云观第十八任监院。因为理山住持的侠义精神和在道教界的声名，绅董孙叔基以捐助"浙江嘉善保东区"土地约35亩，作为庆贺理山住持升座进见之礼。

1949年杭州解放时，李理山住持已76岁。因受坏人诬陷，1951年4月16日被杭州市军事管制委员会逮捕，1956年6月2日杭州市西湖区人民法院以反革命罪判处李理山有期徒刑十年。不久，李理山道长含冤羽化于劳改狱中。他的弟子也有不少人受到了此事的牵连。1986年，党和政府平反冤假错案，李理山之徒吕宗安为其师提出申诉，经西湖区人民法院复查，认为确属错判，1986年12月25日以杭西法（85）刑申字第38号刑事判决，撤销（55）杭西法刑字第12号刑事改判，对李理山错案予以纠正，确认错判，撤销原判。从此，李理山道长所遭受的冤屈得到了平反昭雪，名誉也得以恢复。

李理山道长虽然对道、道教等等问题都有自己的许多独到的见解，但终其一生，并没有留下任何的著述，这大概跟他认为只要是著述的话，一般都会带有著述者自身的"观念、偏见和陈腐的东西"这一点有关吧！尽管李理山道长留给后世的书面材料稀少，但他对海上白云观发展所作的贡献及抗战时期显示出的济世度人的品德，值得我们每一个人尊敬。

仙学大师陈撄宁

陈撄宁，原名元善、志祥，字子修，生于清光绪六年（庚辰，1880年）十二月，祖籍安徽怀宁县洪镇乡新陈埂，世居安庆苏家巷。先生因为喜读《庄子》，而且好事仙道，于是借用《庄子·大宗师》中"其为物，无不将也，无不迎也；无不毁也，无不成也。其名为撄宁。撄宁者也，撄而后成者也"之句，取其意"在万物生死成毁的纷纭烦乱中保持宁静的心境"而更名为撄宁。他曾师从多人，最后皈依全真龙门派，为十九代弟子，圆字辈，道号圆顿。

按照道教全真龙门派谱系，先生是第十九代居士。先生尽其毕生时间都花在探索和宣扬他的仙学思想和实践上，根本无意于出仕做官。直到1953年，先生被聘请为浙江文史馆馆员，并在杭州屏风山疗养院教授静功疗法。这是先生平生首次出来在政府部门做事，时年已73岁。1956年，先生与各地道教界人士发起筹备全国道教组织。1957年，中国道教协会成立后，先生当选为副会长兼秘书长。1958年，全国政治协商会议吸收先生为列席委员，参与议政。1960年后任中国人民政治协商会议第二、三届全国委员会委员。1961年，当选为中国道教协会第二任会长，协助政府贯彻宗教政策。1969年仙逝于任上。

陈撄宁为近现代中国少有的道教学者，被人称为仙学大师。在他的学道、修道生涯中，阅读《道藏》无疑占有十分重要的地位。

◎ 陈撄宁

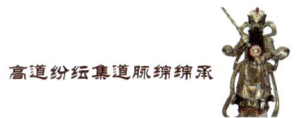

而他阅《道藏》三年,正是在海上白云观。

考试风波

先生之父陈镜波,是清朝举人,开设学馆授徒,以教书为业。这一以儒应世治家、以道修身养命的家庭环境,熏陶了他外儒内仙的恬静深潜的气质,培养了他喜欢读书的习惯与广博渊深的学识。撄宁先生3岁就在父亲培养下学习写字,6岁时已经读完了"四书",11岁时读完了"五经",12岁时学习作诗,并读古文、古诗、八股文、试帖诗,加之先生禀赋聪慧、求学勤奋,在少年时期便已经具备了相当丰实的儒学功底。先生平时喜欢读当时的《时报》、《盛世危言》等书报,受到新思潮的影响,内心对清廷朝政腐败的现状十分不满,所以在应考秀才的初试时,所作文章针砭时弊,语涉朝政。这自然与封建科举的意图大相径庭,且有触犯帝王尊严之过。幸好主考官是先生父亲的至交好友,于是私下把他的试卷抽去,使先生免于一场祸端。但主考官也叮嘱其父要对先生严加管教,以免今后再有类似的行为而遭罪。先生的母亲听闻此事受到惊吓而卧病,先生也因此感到时世险恶,从此心存警戒。这也是先生后来无意仕途的起因。

后来由于家庭督促,先生下科应试,考中了秀才。及后洋务运动兴起,戊戌变法继之,废科举、兴学校,各省陆续开办新式学堂,才解脱了先生应试考取功名以"光耀门庭"的束缚。

因病寻道

繁重的学习,逐渐损伤了他的身体,考中秀才后不久,先生便得了肺痨,这种病在当时是不治之症,医生断言他活不过当年。在此情况下,父亲不敢再勉强他读书,让他边调养身体,边向叔祖学习中医。先生遍读医

典，穷觅良方，经过亲自服药试验，还是觉得古医药对治疗痨病效果并不显著。

后受叔父好事神仙方术的影响，先生在研习医药中，也渐渐滋生了对古神仙家修养方法的兴趣，开始读道书，研习丹法。在这之前，他曾背着家人偷偷阅读道家修养书籍。10岁时偶然看到葛洪的《神仙传》，对成仙颇感兴趣，心向往之。但由于父亲管教很严，这一类的书籍在家里是不允许看的，先生只得将其放在大腿上偷看，桌面上仍旧摆着《论语》，作为掩饰。16岁得到他的叔父所藏的《参同契》、《悟真篇》，经过细细研读，便羡慕仙道，萌生了学仙的念头，自己觉得学仙道养生法或许能找到祛病生路。

为了治愈疾病，他在阅读道家修养书籍的同时，开始按照书中的方法做养生功夫。几个月后，身体恢复了健康。从此，他对神仙之说充满了信心。由于道家修养著作多以隐语论道，所以尽管他有很好的文化素养，在学习中仍然遇到不少无法理解的难题。直到几年之后，一次偶然的机会，这些难题才有了正确的答案。

那是在先生19岁那一年，在黄山脚下他朋友的家中曾偶遇一位鹤发童颜、目光炯炯的道人，看样子有50多岁。当时，他以自己的灵感判断道士是位超世脱俗的高人，连忙上前恭敬请教。道人寥寥数语就道破了困扰他多时的重重疑团，他顿觉豁然开朗。他请道人做个示范，道人并不推辞，而是很痛快地盘膝而坐。先生轻轻拿起道人的手腕，伸出三个手指搭在道人的脉息上，竟然摸不着道人的脉息，先生不由大惊。他又裁了一小条薄薄的宣纸，举在道人的鼻前，纸条竟然也纹丝不动。而且，道人又平步升起，浮于空中。先生顿时大悟：这就是《庄子》一书中所谓"古之真人，其寝无梦，其觉无忧，其食不甘，其息深深。真人之息以踵，众人之息以喉"的"真人之息"，即"真息"。先生内心叹服不已，当即就想拜道人为师。道人摇头微笑说："你是富贵中人，过19年再来黄山找我。"后来，先生当真找过两次，可惜都没有再遇。路遇高道，虽未得其真传，但那次邂逅对他修养功夫的理论与实践方面均产生了极深的影响，并坚定了他继承黄帝以来相传之坠绪的决心。

这之后的几年，他一方面跟叔祖学中医，跟哥哥研读现代科学书籍，一方面继续研究神仙之学。为了丰富理论与实践方法，还研读了大量儒、释著作。

1905年，先生25岁时，考入安徽高等政法学堂，受业于严复诸师。由于紧张的学习与艰苦的生活，两年后他旧病复发，只得退学回家。正如《陈撄宁自传》称：

> 考入安徽高等学堂，时候不久，因旧症复发，半途退学，未能毕业。

经过这次挫折，他决心放弃一切念头，专门从事修养功夫的研究与实践，力争脱胎换骨。一年之后，他再次恢复了健康。

为了深入研究，从28岁开始，先生便栉风沐雨，跋山涉水，开始遍访名山洞府、异人高士。先生先后曾拜访九华山月霞法师、谒见宁波谛闲法师、求教天童山八指头陀、参访常州智开和尚，从这些高僧口中聆听了深奥的佛法，但感到佛教修养法均偏重心性，而忽略于形体，不能收到祛病长寿的功效。后来，先生转向道教的洞天福地，曾参访苏州穹窿山、句容茅山、均州武当山、青岛崂山、怀远涂山、湖州金盖山，会见了不少当家道士和老修行，学到了不少练功口诀。总结四年的漫游寻访学习过程，先生寻思，与其漫无目的或有目标而无收益地四处奔波，白费光阴、精力和钱财，学到的东西也未免零散，倒不如自己看书研究，从道教经书中发掘玄珠，这样或许有事半功倍之效果。于是，先生决意把浩如烟海的《道藏》从头到尾阅读一遍。先生与上海白云观的渊源即开始于此。

当时，只有北京白云观、上海白云观、沈阳太清宫等几个大道观藏有明版《道藏》。恰巧他有位姐夫悬壶于上海，并曾写信邀他去住。于是他于32岁时到了上海，借住在他的姐夫乔仲珊医生家，日往白云观求读《道藏》。据先生回忆说：观内保存《道藏》甚是严谨，敬奉于白云观藏经楼大经柜中，轻易不让人看，除了每隔几天掸掸灰尘外，每年只在重阳节搬出晾晒一次。时任白云观住持因为见到先生诚笃高雅、谦恭有理，特别给予

方便，不过只能在每月初一、十五两天。1912年至1914年，整整三年，先生每至初一、十五，必往老西门外求读《道藏》。每月初一、十五日先生先将借阅书单写好，然后由观内执事打开藏经楼上大橱，烧香磕头，将经书"请"出，才能在观中阅读。像这样每月两次到白云观读《道藏》的日子一过就是三年。先生在《自传》中写道：

> 这三年，长久在上海老西门外白云观阅览《道藏》。此书共计五千四百八十卷，是明朝正统年间刊版，留传到今约五百余年，向来没有人把这部书看完过，只有我一人费了三年光阴，从头到尾，看过一遍。此后即无人再看，放在藏经楼上六个大橱中，封锁三十七年之久，书多霉烂破损。

先生边读边验证，历经三载严寒与酷暑，终于将浩如烟海的《道藏》阅读完毕。阅读后先生才确实知道《道藏》中蕴藏的仙道养生学资料十分丰富、宝贵。他对丹道理论研究更为深入，勤奋实践而且持之以恒，身体逐渐恢复了健康。

主笔道刊

1933年7月间，张竹铭医师在上海创办《扬善半月刊》，其宗旨在于发扬儒、释、道三教优良的学术文化传统。他使用的经费来自于翼化堂，原来这是一个善书局，专门出版各种劝善的书籍。当时新潮的刊物很多，张先生也适应近代中国出版物的新形式，有零星的出书，同时也办起刊物，以便固定宗旨，加强传播。

张竹铭对陈撄宁先生素存仰慕之心，不久便拜在陈先生门下，是陈撄宁先生的大弟子。20世纪90年代，张竹铭先生94岁时，从美国飞回上海，笔者有幸与其他先生一起聆听过他的回忆。据他说，陈撄宁先生当时曾收过 14 个徒弟，7 个学双修，7 个学清修，张是学双修的，盖当时已有家庭。创办《扬善半月刊》是他们家的翼化堂做的，创办以后曾请陈撄宁先生主笔答读者问栏目，却无意之中使得这份刊物改为以"仙学"研究为特色，而且几乎成了主要方向。

当年张竹铭让撄宁先生主笔"答读者问专栏"，主要是陈先生学问广博，对于儒、释、道都精通。而陈先生考虑到当时儒教、佛教的资料非常之多，而道学仙术的材料非常缺乏，相关书籍也寥寥无几，先生于是利用这一阵地，自告奋勇撰写大量仙学文章，与读者亲切谈心，交流思

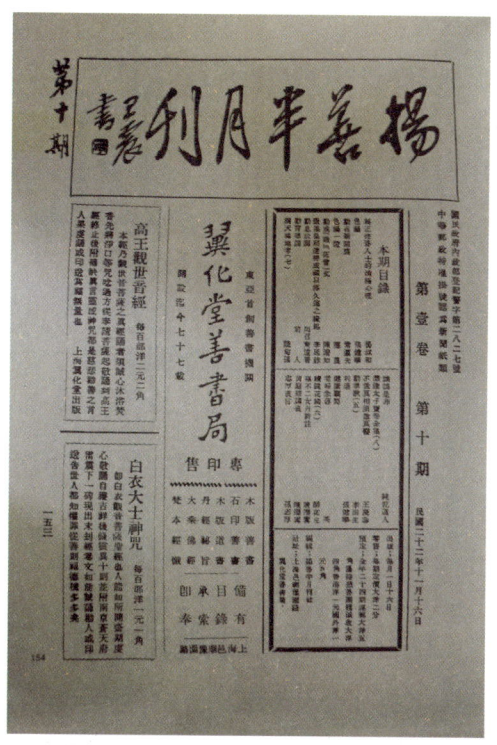

◎ 扬善

想，回答他们提出的各种问题，并"因材施化"地向他们传授仙学修炼方法。他还经常组织读者交流经验，以使他们相互促进，共同提高。先生竭力主编这份独一无二的仙学刊物，即使出去参访游历，也从来没有忘记撰稿，对此事从没有懈怠。

1936 年，因夫人患病，陈撄宁夫妻迁居沪西农村后，仍然保持和各地志同道合的朋友通信研究仙学修养术。先生对自己学得和悟得的修养方法和体验，从不吝啬与人分享，对友人及学生从不保守。有不少好事仙学修养法的人，常向先生请教，先生对此均会认真回答，而且把带有普遍性的问答公开发表在《扬善半月刊》上，使一般群众都能有所知晓。不可否认，此举破除了历来对仙道修养法秘而不宣的陈规陋习。

自 1933 年 7 月发刊，至 1937 年 8 月日本侵略军入侵上海停刊，《扬善

半月刊》前后共发行99期。在这些刊物上，陈撄宁发表了大量文章，大力提倡仙学修养，并为读者答疑解难，指点迷津，使海内外众多养真之士受益匪浅。但此时国难当头，人心惶惶，沪郊农村也不再是安居之地，陈先生与夫人仓促之中只拿了几件随身衣物，跟随人流逃到上海。多年来收藏的善本和孤本古籍、药品器械及生活物品损失殆尽，不得已寄居外甥婿张嘉寿家。尽管生活艰难如此，陈老仍不放弃他的仙学研究与修持。同时也应邀为人讲授道书丹经、文、史、哲、医，及代人撰写应酬文字。

《扬善半月刊》停刊后，海内外读者纷纷投函编辑部，要求复刊。于是张竹铭等人竭尽全力，重整旗鼓，于1939年1月将《扬善半月刊》更名为《仙道月报》再次出版发行。其中，先生对《道藏》书目重作分类，将七部十二类的旧名目一概取消，只就道藏原有1500种书的性质分为道家、道通、道功、道术、道济、道余、道史、道集、道教、道经、道诚、道法、道仪、道总等14类。40年代初，日寇加紧侵华，上海形势日趋险恶，至1941年8月《仙道月报》被迫停刊，从此再也未能恢复。先后32期《仙道月报》倾注了陈氏大量心血。

◎ 仙道月报

近代中国受到西方思潮影响，各种学说相继引进，同时新式的报刊陆续出现。这些报刊，或以新闻为主，或以宣传某种学说为宗。所以，新式刊物的出现与当时社会思潮的活跃直接关联。这也影响到中国的传统宗教佛教与道教。相比而言，佛教界兴办刊物的积极性更高，步伐也更快。整个民国时期，佛教界的刊物先后达170多个，但道教界则起步甚迟。除了《扬善半月刊》和《仙道月报》之外，还没有发现其他的。所以这两份刊物虽然并非道教宫观或组织所办，而是开始以劝善为主以后全部转向仙道研究，但毕竟是历史上道教刊物的开山之作。其影响之巨，十分值得记上一笔。而且，作为开风气之先的刊物，当年筚路蓝缕，开拓之功不可没，而其启示更越过时代的变迁，造惠于后人。陈撄宁自己后来在任中国道教协会会长期间，曾兴办《道协会刊》，系当时所有宗教界中唯一的一份刊物。此刊后来演变为《中国道教》。在上海，不少道门有识之士，踵陈先生之前武，于20世纪80年代创办《上海道教》，时代不同，但陈先生的遗意，却在当今中国道教界中流传。

此后，撄宁先生仍然坚持仙学的研究，并传授弟子。

重振道业

1953年，先生由上海去杭州，住在学生中医师胡海牙家。

1953年10月，浙江省人民政府秘书厅获悉先生学识渊博，为人方正，正式聘请他为浙江文史馆馆员，并请其在浙江屏风山疗养院教授静功疗养法。这是先生平生首次出来在政府所领导的部门做事，时年已73岁。1956年秋，沈阳太清宫方丈岳崇岱等创议成立中国道教协会，先生被邀请为筹备委员之一，到北京和众名山宫观代表磋商成立中国道协事宜，时在初冬。1957年4月，第一届全国道教徒代表会议在北京召开。尽管先生因胃溃疡卧病于杭州，未能出席这次会议，但由于先生的名声在道教界影响很大，深受敬重，仍当选为副会长兼秘书长，此时先生已77岁。

此后政治运动频繁，由于先生一向对人诚恳平易，为人朴直憨厚，对党和人民政府都竭诚拥护，所有先生同事和先生的学生以及当时中央统战部及国务院宗教局的负责人如李维汉、汪锋、何成湘等，无不由衷敬佩先生。因此，1957年至1966年中的历次政治运动，先生均安然度过。

其间，1960年先生当选为全国政协委员。在政协讲坛上，先生呼吁开展对道教历史及学术方面的研究工作，得到了党和政府的高度重视。当时

的中央统战部部长李维汉和国务院宗教局局长何成湘出面，于 1961 年 3 月 22 日在全国政协会议室召开了关于开展道教学术研究的座谈会。不久，中国道协便成立了研究室，由先生亲自领导制订了研究及培养道教知识分子计划，先生亲自指导研究人员收集、整理、分析、综合道教文献资料，编辑《历代道教史资料》，编写《中国道教史提纲》，提出"在教言教"，按照道教本来面貌研究道教的方针。同时，他还主持出版了《道协会刊》。

1961 年他当选为中国道协第二届会长。81 岁的陈老走马上任后，夜以继日地工作和读书，虽已年逾八十，仍然精神矍铄，毫无倦怠之意，在开展道教学术研究、培养后继人才方面都做出了显著成绩，中国道协的工作较以往也大有起色。1962 年至 1966 年这段时间内，陈老言传身教，为我国培养了一批道教研究人员。他自身亦勤奋笔耕，陆续发表了《道教起源》、《史记老子传问题考证》、《太平经的前因与后果》、《南华内外篇分章标旨》等著作。

"文革"期间，中国道协被迫停止工作，先生深为抑郁惶恐，心力交瘁。1969 年 5 月 25 日下午 7 时，先生因肺癌在北京医院仙逝，享年 89 岁。

☼ 医道仁心

陈撄宁先生与他的仙道前辈葛洪、孙思邈一样，不仅精于仙道养生，而且还长于中医药学。先生青年时期为自救救人，从 15 岁起，师从叔父学中医，研读过历代医家要著，特别是对《内经》、《灵枢经》研究尤精。先生深谙药性，学医时曾将中药一味一味品尝，对药物的色香味及产地、功效、价格都详细记录。因此先生开出的处方，投药少、用药准、分量稳、价钱廉。先生还曾在药店义诊，用先生自己的话说"当过几天慈善郎中"。乡村里叫"坐堂先生"。每逢母亲生病，先生都亲侍汤药，如果其时不得不外出游历，总要预留药方在家里，陈母按照药方服药，果然大有效验。

据先生的亲侄陈仲琏先生回忆说：早年有族人陈耘珊往沪旅游，突患大头瘟病,头面肿大如斗,中西医都说少见,束手无策。经陈撄宁先生精心研究,辨证治疗,投用重药,终获痊愈。闻者称其说:"非高手不能治,也不敢治此症。先生真可谓一代高手。"另传,有一疑难病例,病者咽喉红肿,难以吞咽,虽茶水亦不敢进。先生见状,只叫病者口含一味极其普通的药,隔天就见好转,不几天红肿便消失。他常启示学生说:治病如同修表,要看毛病所在,只要在关键处轻轻一拨就活了;如果拨得不准,那就要出乱子;如果这表已无法调理,需要大拆大卸换零件,那就早去动手术,已非中药所能治愈了。先生非常重医德,开处方十分谨慎,从不草率应付患者,总是先将望、闻、问、切的情况记录在案,然后起草一篇研究性质的辨证治疗的文章,将对症下药的理由、依据均写清楚,然后正楷誊写两份,一份自留,一份交患者。先生常说:医生处方,关乎患者的安危,只能使患者得益,不能受损,如果漫不经心,不负责任,则良心有愧,便是缺德。先生开方,还为患者的经济状况着想,如是一般群众,则选择较价廉而不失其治疗功效的药物,以减轻其经济负担。由于先生晚年更精细,开一处方快者三天,慢者十天半月,只要处方未开出,他每天对如何开处方都有所考虑,对病案他记得很熟。如果患者是急症,先生往往要他的学生胡海牙大夫用针灸治疗,或者叮嘱患者家属速送医院。

先生虽不以医为主要职业,但在中医学界颇有声望,可谓誉满杏林。曾任安徽中医学院附属医院副院长的陈可望教授,少年在沪学医时就受教于先生。早年中国唯一的中医院校——上海国医学院的章太炎院长,及恽铁樵、章次公、秦未伯等教授、名医,都经常和先生切磋医道。新中国成立后先生来北京,供职于中国道协以后,京都名医施今墨也曾多次向先生请教,且谦称为先生之门生。当时北京的其他中医,凡是有疑难问题,也常来他所在的北京白云观(中国道教协会所在地)请求教益。他则主要为之看方,指点解除纠结。北戴河疗养院院长刘贵珍亦师事先生,学习气功。国家领导人董必武、李维汉、汪锋等,都曾听先生讲述老年保健方法。李维汉曾经关切地说:"你的学问要留传。"当时有知道先生精于中医及仙学修养法的普通人,亦有不少人来求教和求治。先生都是有求必应。

虽然先生精于中医药学，誉满杏林，但先生穷其一生精力所关注的乃是道教学术研究。陈撄宁先生曾说："我全副精神，都用在研究道学方面，医学上未曾悬牌行医，也无著作。"而说到道学研究和道教实践，就不得不提先生所提出和倡导的新说——仙学。

弘阐仙学

在20世纪30年代，撄宁先生在《扬善半月刊》担任主笔，向社会提出了"仙学"（仙道养生学的简称）学派。先生所以提倡"仙学"，是与他一生与疾病作抗争分不开的。他在《自传》里说他因为昼夜用功，无体操运动，又缺乏营养，以致得了痨病，这病当时来说是绝症，无药可医。他有仙学之成就，最初是出于"自救"才入门的。

从先生的《自传》及他的所有著作中，我们可以清楚看出他的"仙学"之形成过程，先读儒学，再进安徽高等政法学堂学习其他学科，最后，才用功于道教及佛教。所以他是一个儒、释、道三家学术皆通的道学家。至于"仙学"这家，是经过他实证、圆通、顿悟后才提倡的。先生认为人生只有通过修炼成仙，才可脱离苦难。所以他担心仙学一旦埋没于三教之内，便失其独立性，亦会受宗教教义之束缚，而不能自由发展，所以主张划分明白，仙学应自成一家，绝不能附于任何一家之后。

那究竟什么是"仙学"呢？先生对此概念曾多有阐发。但是，由于先生当时所处的时代，多在颠沛流离当中，现实的情况使他不可能集中精力修炼和治学，从而使得他的仙学思想散见于他的各种著作当中，多在书信、论文、经注中表现出来，这些思想都是随机发表的，所以先生所倡导的仙学修炼理法并未得以系统化，建立一个完整的仙学体系。在这里，将主要以陈撄宁先生的零散论述为依据，来探讨先生独树一帜的仙学。

所谓仙学，就是我国自古留传的神仙家养生学。在先生的著作中，其实有过简明而直接的解释。据《中华仙学》中《答复浦东李道善问修仙》，先生认为，所谓"仙人"，"乃精神与物质混合团结锻炼而成者"；仙学，主要指内外丹术而言，因自古学仙之人无不炼丹，故仙学主要是研究丹道；除此之外，还包括导引、守静、服饵、吐纳、胎息等动静功法。先生还说："外丹与内丹，一个是在炉鼎中烧炼的，一个是在人身内变化的。"但不管是"烧炼"，还是"变化"，其最终目的都是使凡人能够成为神仙。先生认为，仙学是在三教范围以外的一种独立学科，纯为学术方面的事，无论哪一个宗教的信徒，都可以自由求学，对其本教也没有丝毫的妨碍。总之，陈撄宁先生所谓之仙学，就是使凡人成为神仙的一门学问。

在《女功正法·序》中，陈撄宁先生指出："神仙之学，有四大原则：第一务实不务虚，第二论事不论理，第三贵逆不贵顺，第四重诀不重文。"可以说，这四大原则也基本概括了仙学的特质。

第一，务实不务虚，反玄学空谈。

仙学与玄学、道学，有时表面上似乎"同隶一种旗帜之下"，其实宗旨不同，门径不同。先生认为玄学、道学空泛难凭，多讲虚无之理，而仙学是实实在在的学问，是关于实人实物、实情实事、实修实证的，不是玄理空谈。

第二，论事不论理，人皆可学仙。

在先生看来，学仙之事并无门户之别，仙道门中，只讲功夫，不讲福报，只要功夫到位，人人都可以学仙。因为仙学本身产生于学术的实验，不像宗教那般需要依赖信仰，因此不仅道教中人可以学仙，而且儒教中人、佛教耶教回教中人都可以学仙，甚至一教不信的人都可以学仙。

第三，贵逆不贵顺，我命不在天。

先生主张之仙学要打破宇宙之定律，不肯受造化小儿之戏弄，不肯听阎王老子之命令，即生老病死、成往坏空，要与造化争权、逆天行事，不愿安命以听天，故说"长生不死"，乐生、贵生、重生，追求长生。神仙家虽是由生理入手，但是要用方法改变常人的生理，所以目的是超人的，而不是平凡的，学术是实验的，而不是空谈的。仙家妙术，贵在返老还童，无中生有，以人力夺造化之权。

第四，重诀不重文，贵明白原理。

口诀之所以重要，是因为历代以来，凡是传授丹经法术，都是以口诀为主，师徒口口相传。神仙家都是超人的，凡人听了，肯定觉得惊骇，但神仙家又是实验的，凡人只要依着他的方法去做的话，也会得到同样的效果，用不着列出许多理论通过书面文字代代相传。口诀虽然重要，但学长生术，更重在明白原理。先生教人的初步口诀很简单，即精神和呼吸合二为一，一动一静都顺其自然。

他的仙学，由于要得道成仙，绝不容易，纵然有历史可寻，有成功之例子，但确是微乎其微，所以到他晚年于疗养院，提倡静坐气功等养生功法，想必这是从实际去思量。再想，陈先生处于军阀混战、国家被人侵略的乱世时代，国民被称作"东亚病夫"，所以提倡仙学祛除疾病，强壮身体，确是重要的，确是爱国爱民的表现。对于提出"倡仙学以救国"，在道教处于低迷状态的当时，其新知卓见，确有振聋发聩之影响。先生的仙学，作为一种学说，自有其独到之处。但是仙学只代表了先生整个道学思想和道学实践的一个时期或一个方面，当然也是最具特色的一个方面，仙学在先生整个思想发展历程中具有独特地位。我们今天重温其学术思想，或许在当前提倡传统宗教现代化或宗教改革等方面，会有些新的启迪作用。

总结撄宁先生的一生，他的为人，他的学说，他为道教所作的贡献，皆很值得后人学习。先生通过自身的实修实证，为中华仙学事业的研究、实践与发展，奠定了坚实的理论基础。然而由于其所处年代的纷乱，先生经历了抗日战争、解放战争与"文化大革命"三个历史时期，终因力不从心，未能最后证得仙学的最高境界而遗憾故去。先生虽然不能算是仙学的成功者，却为我们后学者学仙了道指明了道路。

1989年，是陈撄宁先生逝世20周年纪念。9月2日，上海白云观里香烟缭绕，钟磬齐鸣，正在举行陈撄宁先生仙逝20周年超度法会。70年前，先生曾在这里苦读《道藏》，并由此开始了半个多世纪的道教学术生涯。透过袅袅烟尘，我们似乎又目睹了先生伏案苦读的身影，依稀又听到了他风雨无间的脚步……

最后一任监院吕宗安

2002年第4期《上海道教》上登载了一篇文章《缅怀吕宗安道长》，作者为姚树良。文章开头就说：上海市道教协会原常务理事，副秘书长，上海白云观代监院吕宗安道长于2002年2月14日中午12时，因年事已高，体弱多病，驾鹤登真，享年90岁。

这位吕道长，就是海上白云观的最后一任监院。严格来说，是代监院，因为没有举行过正式的升座仪式。吕道长也是当代海上白云观最年长的全真道士。在他之前，一部分全真道士云游他方，一部分则先期羽化登真，

◎ 吕宗安道长（左）

独有他坚守到最后。自吕道长后，海上白云观便没有了全真道士。作为全真丛林，也意味着老传统的终结，新的传承的开始。

❂ 李理山的得力助手

吕宗安道长，俗名吕书安，河南洛阳人，1912年5月31日出生于一个贫困家庭，1922年出家于杭州玉皇山，拜李理山为师。新中国成立后曾在上海复康医疗器械厂、上海医疗器械高等专科学校工作。历任上海市道教协会一二三届常务理事、副秘书长，1984年任上海白云观代理监院。

吕道长出生于一个家境贫寒的农民家庭，4岁丧母，1919年因家乡水灾，父亲带着他和哥哥荒落上海，过着吃不饱、穿不暖的生活，无奈之下，父亲忍痛将年仅8岁的他和哥哥，送入慈善团体求生，他10岁进入杭州玉皇山。入道后在师父的谆谆教诲下，养成了乐善好施、济世度人和无私奉献的优良品质。

在玉皇山修道期间，他协助师父李理山，植树造林，使原本光秃秃的玉皇山绿树成荫。现今我们攀上玉皇山，到处是草木葱茏，在原来的小路旁，又新修了盘山公路，不仅上山的路好走，而且沿途可以看山景，累了，可以站在树荫下稍事休息。殊不知，在抗日战争之前的一段时间里，这儿还是一片荒芜，虽然山上创立了福星观，主供玉皇大帝，但周遭却少树多荒茅。上山的路崎岖不说，一路行来也没个遮蔽之处，夏天热辣辣的太阳当头，更是汗流浃背，口干舌燥。李理山道长正是看到这种情况，才发愿要将全山都种上树。而二十来岁的吕宗安则是具体的执行者。从山下沿途开始种植，然后再一片片扩展，年复一年，山上慢慢绿了起来。到了抗日战争前夕，玉皇山已彻底改变了荒山的旧貌。吕宗安的汗水已经浸渍了玉皇山。现今已没有人知道当年吕道长等人的艰辛，但玉皇山上的棵棵大树却成了他们修道实践的最好纪念。

抗日战争期间，杭州玉皇山停止一切宗教活动，救济遇难同胞，收养难民千余人，为解决难民的吃饭、生活等问题，当家李理山派吕宗安道长到上海武定路创建玉皇山福星观上海分院，筹资供山上难民开支，表现出了极大的抗日救亡热情。在李理山的一生中，成功在上海开设道院，是最为闪光的一笔。而当年吕宗安既是来打前站的，在日常的管理中，也是主干。他的默默奉献，在上海道教的发展史上，在道教界投身抗日战争的丰功伟绩中，写上了一笔又一笔。只是他从不宣扬自己，外人对他的贡献极少知道。

○ 为海上白云观的复兴操劳到最后

"文化大革命"带来了前所未有的浩劫。吕宗安道长也被赶出白云观，去做了工人。1978年，是中国改革开放启动之年。慢慢地，党的宗教政策得到落实。80年代初，政府公布28所道教宫观，海上白云观赫然在列。吕宗安道长听到这一消息，不胜欣喜。很快，他投入到了白云观落实政策、修复重新开放的艰苦工作中去。1984年，海上白云观正式重新开放，吕道长担任了代监院，实际上领导了白云观的工作。由于当时还不具备举行监院升座仪式举行的条件，所以他的监院是"代"，想不到，这一代就是18年，直到他羽化登真，都坚守在这一岗位上。

他在白云观担任监院期间，身为一观之主，生活仍很俭朴，严格自律。不论刮风下雨，每天都坚持上班，事必躬亲，认真处理每一件事。同时，他克勤克俭、廉洁奉公，在经济条件并不宽裕的情况下，依然为社会慈善事业作贡献。直到羽化之前，他都记挂着白云观的发展，确实可以说，他为白云观的发展奔波，任劳任怨，贡献了毕生的精力。

十一届三中全会以来，吕宗安积极协助党和政府落实宗教信仰自由政策，20世纪80年代初，他常奔走于上海与杭州之间，协助杭州道协为师父李理山平反。李理山的冤案是在当时"左"的思想指导下历史造成的。要

平反，就得重新梳理和评价历史上的具体事件。吕宗安跟随师父最久，许多事他都知情，有的还是直接的当事人，所以，他最有发言权了。在反复的说明、争论之后，最终李理山获得了平反，也算是吕宗安可以告慰师父的最后的一点成绩了。与李理山的平反同时，杭州玉皇山福星观以及福星观上海分院房产落政，也提上了议程。他不顾年老，四处奔波，上海分院的庙产得到了补偿。只是杭州玉皇山上的房产落实仍不理想，交还道教协会的只有几间平房，而玉皇大殿等仍在旅游部门手上。旅游局不是宗教部门，没有资格建立和开放宗教场所，然而却在山顶上放置香炉和功德箱，利用民间对玉皇的信仰图利。对此吕道长非常生气，总觉得事情还没有做完。直到吕道长羽化之后，杭州市有关部门进一步落实宗教政策，福星观才得以修复开放，这一难题最终得以圆满解决。这是后人可以告慰他老人家的。

吕宗安道长一生爱庙如家，工作认真负责，对道教事业有着强烈的责任感和使命感。由于"文革"原因，道教徒出现了青黄不接的现象。他和道教界前辈深深体会到培养年轻接班人的迫切性。在上海道学院初创阶段，正值白云观百废待兴时期，经济收入少，观内场地又狭小，的确困难不少，开班后增加了几十个人，更是困难重重。吕道长积极支持开办道学院培养道教人才，不仅在他所领导的白云观里千方百计挖掘潜力，尽可能地满足办学条件，而且还在年老体弱的情况下，亲自担任武术老师。他年轻时跟着师父认真习武，现在真的有了用武之地。他认真教，反复示范，深得学员的崇敬。现在上海道教学院第一届的学员都已成长为各大宫观和道协组织的骨干力量，他们也都还记得当年吕道长的教导之恩。

正一宗师陈莲笙

陈莲笙，上海市人，原名吴良叙，法名鼎昌，生于公元1917年10月25日（农历丁巳年九月初十），羽化于2008年10月29日23时42分（农历戊子年十月初二日子时），享年91岁。自幼成长在世代信奉道教的家庭，深受道教文化的熏陶。生前历任中国道教协会副会长，中国道教协会顾问，上海市道教协会会长，上海市道教协会名誉会长，上海城隍庙住持，上海道学院院长，《上海道教》杂志主编，上海市宗教学会理事，上海市第七届政协委员，上海市政协第八、九届常委等职，是知名的道教正一派大师。

◎ 陈莲笙

◎ 自幼习道

1921年，小良叙5岁时，过继给姨父陈荣庆为子，更名为陈莲笙。这也是他一生中最重要的转折点之一。他从一个普通的百姓之家，进入到一

个道门世家，从五六岁便开始受到道教氛围的熏陶和培养，从此与道教结下不解之缘。他正式入道门，还要晚几年，但是，这一年，却是他与道教结缘的开始。要理解这一点，就不能不提陈荣庆当时在上海道教界的地位。

陈荣庆乃当时上海道教正一派著名法师。其于少年时曾出家火神庙既济道院，师李祥和。清末任火神庙住持，曾任上海县道会，——清代在各府设道纪，负责人称都纪、副都纪，州设道正司，负责人称道正，县设道会，负责人称道会，"遴通晓经义，恪守清规者，以予度牒"。①足见当时陈荣庆为一著名的正一道士。后离开火神庙，不久又礼上海保安司徒庙住持张成照为度师。其父既作为道门世家子弟，又经刻苦努力，成为修为甚高的一代名道，陈莲笙成长在一般人无法可比的浓厚道教氛围内，自然深受熏陶，虔诚奉道。7岁的时候，他开始习经书。1928年，12岁的时候，他拜正一派本帮道士朱星垣为师，正式进入道门。作为陈莲笙的师父，朱星垣受陈荣庆之请，亲自来到陈家教授小莲笙斋醮科仪方面的吹、打等功夫。除了师父的教导，小莲笙也从善于书画的父亲那里学习书法绘画，念经悟道。小莲笙就这样在父亲和师父的悉心教导下茁壮成长着，像父亲一样，聪慧的小莲笙学习这些知识也是驾轻就熟，很快就掌握了科仪的基础知识。

到了1933年，陈莲笙17岁的时候，求道于著名法师张村甫门下，礼为度师，深入学习正一派的斋醮科仪。这一阶段的修习为陈莲笙精通道教的斋醮科仪打下了良好的基础，也为陈莲笙成为一代高道奠定了基石。

在陈莲笙心目中，做道场精通道教科仪，始终是正一派道士的必修课。师从张村甫一年之后，陈莲笙就已经精通斋醮科仪的各项技能，成为上海道教界的知名法师，经常自己出去做道场。他在道界高功队伍中取得的地位，当然得益于父亲和师父的教导，也与他自己的努力学习、刻苦钻研分不开。

---

① 《清史稿》卷一百十六《职官三》，中华书局版，第3360页。

他在学习方面非常肯下苦功。经过刻苦练习，他熟悉了各种坛场乐器，特别喜好吹笛，也吹得一手好笛。同时，因为他对科仪的内涵下过苦功，所以能体会到音乐在具体的仪式中每一环节要表达的情结和情感，所以在演奏中才能表达出极为丰富和细腻的变化。

除了科仪的演习和音乐的练习，年轻的陈莲笙也在内练中下了很大功夫。他每天清晨就要起来练功，每天都要练上一个多小时，晚上临睡前，还有一套相应的功夫要做。为什么要有这么多的练习呢？这与道门中素来相承的"内道外法"的观念有关。在他的内心，人与神，活人与鬼魂，都是真实世界的组成要素。他们本人在坛场上是凡俗与仙境、人与神鬼之间的沟通者。那么，他们凭什么做到这一点呢？除了符、剑及其他各种法器，根本的一点，是"有道行"，也就是自己必须修道有成。所以，成功的法师，都是修道有了根基，而且一直保持着进道不辍的态度。陈莲笙作为正一派的传人，坚持练习着各类道门必修的功课，清晨起来从叩齿集神开始，直到规定的经咒，存想思神，全部做完，正好天大亮，该用早餐了。用完早餐，则又开始了一天的事务。在住庙的日子里，还要参加早晚的焚修，照料香烛，接待香客。

道名初传

有了上面说的那些努力，陈莲笙对于科仪的理解日益深入，参加和主持仪式的水平也日渐提高，很快，在这一领域里便取得了同行的赞赏、斋主的信任。而且他为人和气，到了那些贫苦百姓家，第一件事就是帮他们写好亡者的牌位以及灵堂上最起码的文字，如程式化的挽联之类。拿现今的眼光看，写几个字是最寻常不过的了。然而，在当时的中国，文盲本来就占了大多数，像石灰窑、药水弄那一带的贫民，目不识丁的几乎是百分之一百。做惯了苦力活的人们，遇到了需要写字、识字的时候，可就只能干瞪眼了。年轻的陈莲笙写得一手清秀的好字，态度又好，东家的要求，

都尽可能地满足，所以很快就得到那些地区百姓的喜爱，他们都亲切地称他为"小莲笙"。在他周围，形成了一个赞赏他、喜欢延请他做法事的相对固定的信众群体。小莲笙的名号，在上海滩渐渐大了起来。

有一次，小莲笙去闸北为一户人家做超度亡灵的小道场。他到了斋主家一看，该户人家的孩子不幸夭折，父亲也早已过世，只剩下孩子的母亲帮人家做点活计艰难度日。爱子心切的母亲虽然按惯例请了道士先生来为孩子超度灵魂，却穷得连最便宜的薄皮棺材也买不起。做完了道场，小莲笙实在可怜这位寡母，不忍心收她应付的报酬，同时，还拿出薄资帮她买了口棺材，安葬了孩子。这位寡母千恩万谢地送走了小莲笙。这件事，深深地埋在陈莲笙的记忆之中，几十年过去了，当他87岁，笔者去采访他时，听他谈到这件事，声调便慢慢地凝重起来，似乎回到了当年的悲痛与哀怜的氛围之中。好一会儿，看他的脸上，还是神色黯然。

非常道缘

在陈莲笙的生活中，常常有许多机会遇到一些对他一生有影响的人物。如果说当年过继给陈家是他一生最大的转折，那么后来的一些际遇，则对他的某些侧面产生了极大的影响。在20世纪三四十年代际遇张恩溥天师，对他的道学水平的提高以及在道教界地位的奠定，就具有非比寻常的意义了。

1935年，江西龙虎山天师府第六十三代天师张恩溥来到上海，陈莲笙有幸见到正在上海活动的张天师。第一次见到天师，在一个正一派小道士的心里，当然是既激动，又感到幸运。须知，道教正一派的宗坛在龙虎山，张天师在道士的心目中，地位之高，声誉之隆，自然非同一般。历史上，见过龙虎山和天师的道士实际上非常之少，现在他却在上海见到张天师，真的是很不寻常的际遇。而且，当时陈莲笙还只有18岁——按照当时的习惯，则纪虚龄，算19岁。陈莲笙得见张天师，当然与他的家族有关。

须知，陈荣庆在上海道教界的声望非比寻常，陈莲笙能见到天师，显然与此是分不开的。

幸运的是，小莲笙不仅见到了天师，而且天师对这位小小年纪就熟悉斋醮科仪的小道士非常喜欢。很快，陈莲笙便得天师垂青，蒙张恩溥真人颁授"万法宗坛"之"三五都功箓"。上龙虎山受箓一向是道门的制度，得受者便在道教界取得了"正宗"的地位，被称为"三山滴血弟子"，端的不易。并非每一个熟悉斋醮的道士都能得到天师符箓。陈莲笙以19岁的年龄就获得了张天师颁发的符箓，这既是对他自身道术的肯定，也是获得天师肯定，成为一流高道的标志。这次受箓在陈莲笙的修道生涯里，是一件值得纪念的标志性大事。

在际遇张天师后，陈莲笙的道士生涯中又增添了另一份异彩，那就是参加了由张天师主持的两次罗天大醮。被邀参加第一次打醮活动时，小莲笙才19岁。抗战胜利后，1947年，张恩溥天师主持第二次罗天大醮，那时陈莲笙在上海道教界已经是修道甚高、颇有名气的法师了。他再次受到张天师的邀请参与这次科仪，并且是作为高功法师来参与打醮，不再是之前那个初出茅庐的小道士了。31岁的陈莲笙也成为那场法事中最年轻的高功，在那样盛大隆重的仪式中熟练地按照科仪的要求行法，年轻又充满活力的他格外引人注目。在坛场上他唱念声音清亮，韵味十足，掐诀念咒，拿捏准确，踏罡步斗，飘逸潇洒，发符上表，进退有序。加上其他坛场职事的配合，乐队的节奏开合有致，使得这坛法事给人留下了极为深刻的印象。事隔多年后陈老回忆说，这次打醮依然设在大世界，七天的打醮张天师到了三天，大世界里来观看的信众人山人海，热闹非凡。须知，罗天大醮的举行，在道门是多年一遇的盛典。陈莲笙参与其中并担任高功，不仅在当时是他的荣幸，也是他行道弘道生涯走上高峰的标志。而且在46年后，1993年，在北京白云观重开罗天大醮盛典时，陈莲笙的这一经历，便成了十分宝贵的财富。因为正是他的这一经验，成了北京盛典的重要参考。只是，这些，1947年的陈莲笙是未曾预料到的。是年，上海道教会筹建，下设五个区域组织，莲笙道长担任道教会理事和上海沪中区主任。

爱国弘道

1950年6月25日朝鲜战争爆发，就在上海各界积极为抗美援朝贡献力量时，陈莲笙也在思考道教如何能为新中国出一分力量，同时也能拉近道教界与政府的关系。当时上海宗教界各宗教机构大多响应政府的号召，组织信众捐款捐物，道教界当然不能落在后面。1951年，陈莲笙联合上海虹庙住持张源锟和上海关帝庙等道观的负责人，发起了上海道教界支持人民政府、为抗美援朝捐赠物资的活动。陈莲笙干劲十足地奔走于道教界，凭借自己在正一道的声望为国家的事情操劳奔忙。他也希望通过响应政府号召的方式为道教界争取政府更多的关注。作为一位虔诚的道教徒，陈莲笙将道教信仰看得与国家命运同等重要，所以，即使在那多事之秋，他也未放弃振兴道教事业的理想。他在当时曾与上海虹庙的住持张源锟以及上海关帝庙等道观的住持，发起筹备上海道教组织的工作，因时机不成熟而无结果。他在晚年回顾起这段历史，曾经自豪地说："上海道教界主动出来为人民政府做工作，我也算是第一人了。"

1956年，在陈莲笙和各方面的不懈努力下，"上海市道教协会筹备委员会"在上海市人民政府的支持下很快成立了。39岁的陈莲笙凭借其爱国热情和对道教事业的奉献精神、娴熟的斋醮科仪、丰富的道教知识、多年累积的道教修养和较强的工作能力，被道教界一致推举为筹委会秘书长。上海的道教工作开始有序地开展起来。自此，他一方面致力于道教教务工作，一方面搜集整理上海道教史料，工作很有成绩。1957年，中国道教协会在北京成立，莲笙道长作为上海选出的代表出席了这次盛会，并被选为第一届理事会理事。

从北京回来以后，莲笙道长就把全部精力都投入到上海市道协的筹备工作中。作为市道协筹委会的秘书长，他积极带领一班人在上海各处道观穿梭联络，广泛联系道教界人士，热情宣传党和政府的宗教政策。这段时间，他起早摸黑，吃住基本都在海上白云观中。对此，他曾感慨地说："那时，我将全部的心血都倾注在海上白云观中了。"

这期间，不能不提的是莲笙道长和仙学大师陈撄宁的一段渊源。1956年之前，尽管陈莲笙和陈撄宁同在上海很多年，由于二人接触道学方式的不同，却很少有机会认识交往，陈莲笙主要在正一道内活动，而陈撄宁以仙学见长，接触正一道比较少，因此新中国成立之前陈莲笙也只是对陈撄宁有所耳闻。直到1956年，陈莲笙为道协的事情忙碌不停，在上海市宗教处遇见陈撄宁，自此二人才相互认识。这次认识对陈莲笙以后研究道教文化产生了极大的影响。正一道素来重视斋醮科仪，对于道教文化的探讨和弘扬，重视得相对比较少，认识陈撄宁后，陈莲笙开始对道教文化有了新的认识。后来陈撄宁北上北京去中国道协任职，走之前，他送给陈莲笙四个红木箱子，让其保管，里面装满了陈撄宁多年收藏的字帖、经书，还有珍贵的明代《九霄经》等典籍。陈撄宁还特别关照陈莲笙："小陈啊，这几只箱子里的东西很珍贵，好好保管，一定要保管好啊！"聪颖好学的陈莲笙得到这些珍贵的资料如获至宝，研读这些书成了一段时期中他的习惯，也为他以后弘扬道教文化提供了重要的资料与参考。

就在莲笙道长倾尽心力为上海道教事业的发展而奔忙时，1966年，"文化大革命"爆发了，道教界受到冲击，他被迫离开了心爱的道教事业，转业到上海市南区立新电器厂参加生产劳动。

1980年5月7日至13日，中国道教协会第三届代表会议在北京召开，年过六旬的莲笙道长再一次当选为理事。会后，上海道教界加紧市道协筹委会的恢复工作。1981年4月20日，上海市道教协会筹委会重新恢复了工作。莲笙道长又欣然担任秘书长，担负起维护道教界合法权益，协助政府落实宗教政策的繁重工作。1985年4月22日至23日，上海市道教协会正式成立，会址设在上海西林后路白云观中，他当选为副会长兼秘书长，后又任会长、名誉会长。几年来，经他努力呼吁、奔走，上海市道教界相继收回并开放了六座宫观，使信徒有了宗教活动场所。他有鉴于现在的青年道士在文化素质、道德修养等方面水平都较低，认为应培养新型的、拥护党的领导、拥护社会主义制度、有文化、有较多道教知识的青年道士。自上海市道协甫一成立，莲笙道长就把道教人才的培养工作摆在了首位。

道映申江：海上白云观

1986年，上海道协创办了"上海道学班"，陈道长兼任教务主任并亲自组织教学。首届学员三年结业，已充实到市道协及本市宫观为职业道士，迅速缓解了上海道教人才青黄不接的状况。1994年，上海道学班正式更名为上海道学院，至今已毕业学员百余位，收到了良好的办学效果。

抓道教人才培养工作的同时，陈道长还十分重视对道教文化的研究、整理与弘扬。他定期举办道教知识讲座，邀请对道教文化有博识的学者、居士、道长讲学，通知信众前来听讲，提高信众的道教知识水平。1986年，他创办了"道教文化研究室"，组织研究工作。从80年代初开始，他便与上海音乐学院密切合作，对道教斋醮仪式及音乐进行采集、录像、录音工作，在国内外产生了较好的影响。在陈道长的倡导下，1988年，由上海市道教协会主办，由道教文化研究室组成编委会并负责编辑和出版工作的《上海道教》杂志创刊，为季刊。陈老亲任主编。为了加强编辑部的力量，陈道长还亲自出面物色和聘请编辑人才。当时他请来了老编审杨友仁先生，又定下了林其锬、刘仲宇等人。这是继陈撄宁先生在沪创办《扬善半月刊》、《仙道月报》之后，办起的又一个有影响的学术性刊物。国内外不少道教学研究者为其撰稿。上海道教界的文化研究，从此又有了自己新的园地。陈道长还大力支持并参加编印了《道藏精华录》及《藏外道书》。陈道长信奉道教并从事教务工作几十年如一日，以其赤诚的爱国之心和虔诚的爱教之情，学道弘道不倦，在道教界享有甚高的声誉。

除了这些之外，陈莲笙自己也不忘撰述。他在《上海道教》上陆续发表的文章，后来都收入《道风集》一

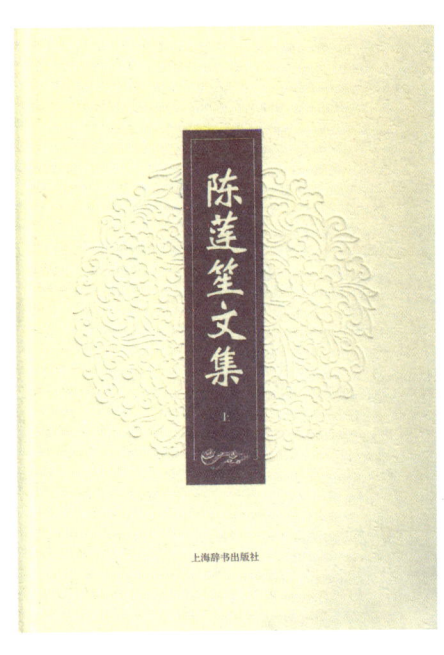
◎《陈莲笙文集》

书中。在他仙逝之后，又搜罗他的未刊稿，重新编为《陈莲笙文集》。

此外，作为正一道德高望重的高道，陈老始终践行着"齐同慈爱，济世度人"的道教教义思想，行善积德，利益各方，从不落人后。老道长积极开展扶贫济困、赈灾助学、赠医送药、植树造林等慈善公益活动。在他的努力下，自2000年以来，上海道教界向社会各方面捐助的善款合计340多万元，其中包括捐款20万元援建希望小学、资助少数民族贫困学生18万元等。2006年10月26日，上海城隍庙成立了"陈莲笙慈善基金"，在成立庆典上向上海市慈善基金会黄浦区分会捐赠200万元。陈莲笙老道长多年的义举在社会上引起广泛的赞誉和好评。

陈莲笙道长是中国道教界德高望重的正一派一代宗师，也是上海宗教界爱国爱教的楷模。他始终道心坚定，保持纯正道风，为了中国和上海道教事业孜孜不倦做了大量工作。特别是党的十一届三中全会后，他协助政府宣传贯彻宗教政策，团结道教界人士，关心社会慈善公益事业，积极推动道教文化发展，为上海道教界与海外道教界的友好往来和交流作出了重要贡

◎ 习近平同志看望陈莲笙并合影

献。除了上海道教界的领袖职务,他还出任过中国道教协会副会长、顾问。

他长期与中国共产党合作,同时也受到上海市委、市政府有关领导的表扬与爱护。习近平同志任上海市委书记期间,就曾专门到上海城隍庙看望过老道长,习书记的继任者也曾专程拜访陈老。在陈老病重住院期间,上海市的领导一直关心他的治疗情况。他羽化之后,在上海龙华殡仪馆举行了隆重的告别仪式,市委常委、市委统战部部长杨晓渡等同志亲往参加。这些都表现了党和政府对道教界领袖的关怀备至,也是对陈莲笙老人爱国爱教精神的肯定和褒扬。

像设呈庄严
汇聚坐诸神

道映申江：海上白云观

巍峨壮观弥罗殿

从众神齐奉到玉皇为中心

海上白云观原来的规模相当大，最盛时有14亩地，7个大殿堂。所以，当初所供的神明，也非常之多。作为全真的十方丛林，五祖七真是必供的神仙。五祖，是全真道认为开创其道派的五位神仙。除了五祖之外，原来的白云观还专设七真殿，供奉七真。所谓七真，是王重阳的七位弟子。这七位，在重阳化去后，各立一派，所以基本上将全真道士都归于门下。在七真当中，供奉最广的是丘处机。在七大弟子中，他的年龄不算最大，但地位却非同一般。我们在前面介绍白云观来历时，曾谈到过他。

不过，随着白云观经历了种种沧桑，到"文化大革命"之后重新恢复，则只剩下一个大殿，即原来的雷祖殿。所以，五祖七真的供奉也便停止。但即使是一个大殿，两层楼面，其中供奉的神明也仍是济济一堂，达十多个。那时的白云观，大殿供奉玉皇大帝，两侧偏殿则分供福禄寿三星、慈航等，二楼则正殿之上为老君堂，供唐吴道子画老子像拓片。老君堂的正对面隔着天井，供着九天雷祖大帝、真武大帝和南极长生大帝。两侧则分别为办公室、接待室等。至于底层进门处则分别供着王灵官等护法神将，而灵官殿后面正对玉皇大殿处，则供着黑虎玄坛赵公明。他骑黑虎，扬钢鞭，左手持金轮，正合他金轮如意元帅的天庭爵位。但因为他是著名的财神爷，人们进入殿门常去拜他老人家，而现代的人恐怕很少懂得金轮的妙处，而只知道大元宝显示着财富，所以在重新装修时，把他手上的金轮换成了大元宝。

这样，改革开放之后的海上白云观，是一个供奉多神、综合了诸多神明的道观。但是,虽然说玉皇大帝神像的体量最大,但玉皇殿上面是老君堂。按教义和神谱,道教最高的信仰是三清,即玉清元始天尊、上清玉宸大道君灵宝天尊以及太清太上老君。玉皇还在三清之下,所以白云观所供奉的神明究竟以谁为主,还难下判断。直到迁移新址之后,才更加突出了玉皇的地位。

◎ 全观的核心

改革开放之后,白云观恢复了宗教活动,开始向社会开放。当时位于西林后路,倒算是徐至成改称海上白云观时的旧址,但其面积早已今非昔比,只剩原来的七分之一。正殿中供的便是玉皇大帝铜像。这尊铜像铸造于清代,是当时上海博物馆将本尊明代铜像归还白云观时奉送的。

这尊铜玉皇像,虽然作为铜铸神像体量已经不小,但是因为白云观迁到大境路时,面积已有所扩大,玉皇大殿高达21米,内部也高达13米,所以原有铜像就显得太小。因此在大殿中另塑了5米高的大像。

白云观正殿供玉皇,其他神像都回环拱座,而正殿高,其他殿都没有那么宽敞,所供奉的神明,也不能不塑得小一点。这样的格局,更突出了大帝的地位。

◎ 新白云观玉皇

在上海现有宫观中,其他地方还没有这么气派的玉皇殿,白云观算是独一份。

说到这里,要稍稍介绍一下玉皇大帝在道教神仙谱系中的地位。

在民间,可能受到《西游记》一类小说的影响,往往认为玉皇大帝是最高的神灵。但在道教的神仙谱系中并非如此。

道教的主神,是一个大系统。前面说过,最高的神是三清。而三清中又以元始天尊为最高,元始传道给玉宸大道君,玉宸传道给太上老君。老君即老子,当年正一道教的创立,正是依靠老君的名义,《老子》五千文才成为全部教义思想的哲学基础。以后呢,又形成更多的神仙谱系,其中三清处于核心,三清以下是四御——玉皇大帝、勾陈大帝、紫微大帝和后土皇地祇,四御,即四位大天帝。再以后,玉皇大帝的地位进一步升高,从四御中独立出来,又将南极长生大帝列入四御,这样便形成了三清、玉皇、四御为核心的神仙谱系,假如在仪式中要做超度亡灵的内容,则在主神的牌位上还要加太乙天尊及朱陵上帝。所以,玉皇大帝的地位在三清之下,四御之上。三清为最高神,是大道的化身。四御中的勾陈、紫微大帝是二位星主,天上一颗星,地上一个丁,中国人对于星辰的崇拜由来已久,而众星之首,便是这二位大帝;后土皇地祇,即大地之神,按照中国人天阳地阴的观念,她是一位女神;南极长生大帝,现今的人们一般将他与南极寿星混于一体。其实他是北宋末的新兴道派神霄派的传法宗主。据神霄派的著作《高上神霄紫书大法》记载,天有三十六层,最上叫大罗天,大罗天又分三十六层,最高那层叫作神霄天。神霄天的主制神灵叫作神霄玉清真王南极长生大帝。他是元始天尊的大儿子,主管着天中之天。有时在仪式中,又会增加太乙天尊和朱陵大帝,是因为太乙天尊是主管幽冥的神,而仪式中又要引朱陵之火,冶炼亡者的魂神。从整个宫观的供奉形制说,一般以四御殿、玉皇殿和三清阁为标准模式,太乙与朱陵或供或不供,供,也是处于偏殿。这样,处于三清和四御之间的玉皇大帝,便在人们心目中成了天庭的大总管,诸神包括神、仙、真,以及星君、冥间正神如十殿阎罗王、其他水陆精灵包括龙王山君树精狐仙等等,都要服他管辖。地上有皇帝,天上有玉帝,是老百姓普遍存在的观念。

道教创立之初，以老子为最高神明，一切诸神皆归他管辖，得他的委托，凡间的道士如张天师等，也以其功德得授召役鬼神的资格。当时的宗教首领称之为"天师"，似乎是替天行道，最高的神便应当是上帝了。然而，这一点始终不怎么清晰。从东汉以降，道教的神仙理论和神仙谱系建设，如前面说过的那样，主要在解决本宗教所信仰的尊神的终极性问题，而对于宇宙间终极神灵与宇宙最高的管理者是一是二，假若是二，其关系又如何等问题，没有侧重探讨。在陶弘景等人的著作中，常称元始天尊为玉皇或虚皇，大约是相信最终极的神灵也应当是最高的管理宇宙的大神。然而，这与一般老百姓的习惯思维毕竟有距离，和朝廷的祀典也有差异。在各种不同的法事中，道教往往启请不同的尊神，如延生请北斗，葬礼中常请十方灵宝天尊，送瘟告别是瘟神。这些神灵都有相对的独立性，所以其名号往往称王、称帝，就是小小的灶君，也被尊为东厨司命大帝。神灵中王、帝如此之多，正表现了神谱的松散，等级虽然有，却不太清楚，不太森严。宋代，玉皇大帝正式形成，也可以说他是从元始天尊的神格中分离而出的。这一分离，使最高最终极的神与负有对宇宙全权管理职司的神灵分成两个，一是司说经传教功能又表现道的终极和永恒，为元始天尊，以及与其相联系的太上大道君和太上老君，此三者，合称为三清。一是司管理宇宙秩序之权的玉皇大帝。三清为道炁化身，本身就是大道，信道与信三清是一致的。不过，这三位老人家比较超脱，轻易不插手琐碎的事务。十方世界三十六天的具体事务，则由玉皇总管，在他手下则有庞大的职能神司分管各条线。

他从来历言，是太上大道君所抱婴儿降生，从地位言，则被认为：

功成道备，妙相卓冠于诸天；心广体胖，慈光遍烛于三界。大垂法语，直指迷途。

位极无等无伦，帝尊至玄至妙。天人依仗真圣宗师。大圣大慈，大悲大愿。昔未曾有，叹未能穷。①

---

① 《高上玉皇满愿宝忏》卷二。

因此，玉皇是毫不逊色的宇宙至尊。

同时，玉皇大帝也是最高的道楷模。据《高上玉皇本行集经》，玉皇自从降生以后，幼而敏慧，长而仁慈，将其国中所有库藏财宝全部施与贫苦的民众。嗣位之后，为百姓故，舍位出家修行。此后八百劫，身常舍其国，为群生故，割爱学道。此后八百劫，行药治病，拯救众生，令其安乐。又八百劫，广行方便，启诸道藏，演灵章，恢宣正化，敷扬神功，助国救人。再经八百劫，为忍辱故，舍己血肉。如此修行三千二百劫，始证位金仙，号清净自然觉王如来。复经亿劫，方证位玉帝。在玉帝的出身神话中，几乎完全不涉及道术神通，这与自东汉以下的神仙传记很不相同。从刘向的《列仙传》起，神仙出身故事中多叙述修仙者的种种异遇，说他们获得了何等神妙道术，具备什么样的特异法术。葛洪的《神仙传》尤其突出，每一则仙传都有十分详尽的方术的描写，甚至可以说它们主要是方术的展示。修仙与秘术的探索是完全一致的。然而在玉皇大帝出身故事里，除"敷扬神功"一言带过之外，基本上没有谈到玉皇经什么样的仙人指点了什么样的秘术，通过什么样的秘术，修成了正果。他完全是用为民众求福造福的功行和宏愿，获得自己的崇高至于极点的地位。他是积善成仙的典型。玉皇大帝形象的出现，表现了道门中对神仙为民造福的职责的强调、对道德力量的极端重视，从而诱导人们以积德行善为解脱超升的基础。

玉皇大帝在民间信仰中，无疑具有最高的地位，一般人的脑子里"地上有皇帝，天上有玉帝"，他是宇宙的总管，也是其他神仙的总令，其他的神仙，都要朝见玉帝，讨封赐，奏事由，取圣旨。苏州有座吕洞宾的庙，俗称神仙庙，俨然是仙界的代表。据说，吕祖很是灵验，每当庙会，都会亲临现场，化身为乞丐，帮信众治病，或做其他救济之事。但后来呢，吕洞宾却不大来庙中了。原因是在庙的后半部造了一座弥罗阁——专门供奉玉皇大帝的庙宇，吕洞宾怕一进庙就要去朝参玉皇大帝，所以干脆少来庙中为佳。吕洞宾在民间的品格，颇有点市井气息，似乎散漫惯了，不耐烦礼仪拘束。当然，故事是人编的，神仙世界的实际情形如何，我们这辈凡夫俗子无法臆测,也当不得真,但是故事里却传达出民间传说产生的心态。神仙道行再高,如吕洞宾,在玉皇面前也总得守些规矩,因为玉皇是最高的领袖。在岁时风俗中,每到除夕即设香案设素供接玉皇,是地无分南北,都极为小心的。在许多地方,老百姓称这一风俗为"斋天",那是对天老爷的崇敬,算得上最高级的了。传说,这一天玉皇要巡视天下,遇有不敬天或不做好事的,自然要给一点惩罚,好人则会有好报。《西游记》里写道,凤仙郡的地方官,在斋天时将供桌推倒,供品喂了狗,被玉皇亲眼看见,便罚他一郡不下雨,连孙悟空去说情也无济于事,还是郡侯改过自新,才获得原谅。玉皇地位高,他的庙会,气势也便非同小可。清末的诗人龚自珍从北京回福建,经过镇江时,碰上赛玉皇即玉皇大帝出会,见到有风神雷神做陪祀,其他神灵无数,"祷祠万千",道士请他写青词,于是写下了一首著名的诗篇:"九州生气恃风雷,万马齐喑究可哀。我劝天公重抖擞,不拘一格降人才。"这首诗,写于鸦片战争的前一年,是他的组诗《己亥杂诗》中的一首,也是被人引用极多的一首。那么,他的灵感来自于何处呢?当然与当时所处的社会状况有关,中国的社会积弱积弊是有识之士已经深刻感受到的,所以他要呼唤风雷,呼唤苍天。但是诗兴大发的直接缘由则是赛玉皇的宏大气势,玉皇会所象征的宇宙间的巨大力量。这种玉皇会虽由道士主持,而参加者则是一般的民众,具有地方上祷福祈祥的性质。从那种宏大的气势中,诗人看到了,或者说感受到了"天公"的威严和无穷的力量,也不难看到当时的现实与这种大气势的巨大反差,因此不由得发出请天公不拘一格降人才的呐喊。他所看到的这种挟着风雷、万神陪祀的气派当然不是一般的神灵出会时所能有的,它显示的是玉皇大帝在民间信仰中崇高的、不可替代的地位。

由此可见,玉皇大帝在道教神谱中非同寻常。海上白云观的殿堂设置将他放在中心位置,正好符合了这样一种教义的安排。

道映申江：海上白云观

玉皇领导下的职司神灵

　　玉皇大帝既是天庭的大总管，是宇宙秩序的体现者，那么很自然，玉皇大帝手下有无数的神灵，分头执掌着天上与人间的一切事务。天上的星斗列宿，风雨雷霆，人间的祸福，等等，都有专神管理。如管婚姻的有月下老人，管水旱的有雷霆诸司，山中有山神，海里有龙王，冥间有太乙天尊主管而十殿阎君主其事，守天门的有各种护法神将，他们都属玉皇管辖。当然，这么多的神灵，不可能同时都供在殿堂里，否则再大的面积也容不下——何况其中还有许多"帝级"的神，还不宜委屈他们挤在一起过日子。所以中国的道观，常只供其中的一部分，或者只主供其中一位，财神殿供财神，纯阳殿供吕洞宾，药王殿供药王，青华宫供太乙救苦天尊，龙王庙供龙王，城隍庙供城隍，等等。尽管有的专庙中也会抬进其他的神明，但数量毕竟还是有限。海上白云观既然以供奉玉皇为主，也顺带着供奉玉皇手下的其他职司神灵，只是在有限的空间中，所供者都是老百姓生活中经常遇到的那几位。

◎ 财神与文昌殿诸神

　　上海白云观由于空间较小，有时便将几位神仙供于一殿，财神与文昌便是如此。这一殿，供着武财神赵公明、关公和文昌。盖近年的民间信仰的重点颇有转移之势，财神的地位大为提高，而在江南地区，人文荟萃，尊重人才，读书之风极盛，所以对于专司文教的文昌神也奉之甚隆盛。将这几位同供于一殿，是适应了民心社情之举。

赵公明

在诸位财神中,最早出现的恐怕要数黑虎玄坛赵公明了。在所有的财神殿里都少不了他,在财神画像中,他出现的频率也最高。

赵公明的来历,许多人做了考证,但考来考去,引用的资料都是在社会上流传的类书、笔记,常用的有《封神演义》,稍涉及深一点的,也就利用了《新编连相搜神广记》之类泛泛记载社会普遍信仰的神灵的著作,几乎没有人想到去道教的经籍中搜寻一番。其实,赵公明成为财神,乃是道教的推荡给了重要的动力。关于这位神明的来历,先得到他的老家道教中去搜寻。正好,在明《道藏》中有一部《道法会元》,其中的第232卷至240卷正是正一玄坛赵元帅的"秘法"。那里,对于赵元帅的来历和职司都有很详细的介绍。从其介绍中,我们可以很明白地看到,《三教搜神大全》

◎ 南岳财神殿中的赵公明

等书对于赵元帅的记载，出处正是在这里。

《三教搜神大全》中有关赵公明的一段话，几乎是全文抄录了《道法会元》卷232《正一玄坛赵元帅秘法》。《道法会元》一般读者不易看到，所以我们仍不惮烦，将原文抄录于此，以便读者们研究分析。

那一法中的《赵元帅录》说：

> 元帅姓赵名朗，一名昶，字公明。终南山人，秦时避乱山中，精修至道，功行圆满，被玉帝旨召为神霄副帅。
>
> 按元帅乃皓庭霄度天慧觉昏梵炁化生。其位在乾，金合水炁之象也。其服色，头戴铁冠，手执铁鞭者，金遣水炁也；面色黑而胡须者，北炁也，跨虎者，金象也。故比水中金之义。体则为道，用则为法。法则非雷霆无以彰其威。太华西台，其府乃元帅之主掌。而元帅以金轮称，亦西方金象也。
>
> 元帅上奉天门之令，策役三界，巡察觉五方，提点九州，为直殿大将军，北极侍御史。逮汉祖天师修炼大丹，飞神奏帝，请威猛神吏为之守护，由是元帅上奉玉旨，充正一玄坛元帅。正则万邪不干，一则纯一不二。所以玄坛之职至重。天师飞升之后，永镇龙虎名山，厥今三元开坛传度，其趋善建功谢过之人，及冥顽不化者，皆元帅掌之。故有龙虎玄坛，实赏罚之一司也。
>
> 部下有八王猛将者，以应八卦也；有六毒大神者，以应天煞、地煞、年煞、月煞、时煞也；五方雷神、五方猖兵，以应五行；二十八将，以应二十八宿；天和地合二将，所以应天门地户之阖辟；水火二营将，所以象春生秋煞之往来。
>
> 驱雷役电，致雨呼风，除瘟剪祟，保病禳灾，元帅之功莫大焉。至如公讼冤抑，神能使之解释，公平买卖，求财利宜和合。但有至公至正之事，可以对神言者，祷之无不如意。若以非枉不正之事祷之，神必加谴。敬之，毋勿。

细心的读者一定会明白，《三教搜神大全》所介绍的黑虎玄坛赵公元帅，正是从道教神霄的科仪书中走出来的，可能在传抄中漏掉了少量内容，或者是摘录者认为有的内容不重要而删除了一些文字。从学术上看，还是直接依照《道法会元》加以分析较符合原貌。从《道法会元》看，赵公明原是大有来历的将，其职司内容十分丰富。赵公明本来是西方金炁的化身，秦时避乱入终南山精修，道成后被封为神霄副元帅，后因奉玉旨守护张天师（按：原文祖天师，即第一代天师张道陵）炼丹，被封为正一玄坛，及张天师炼丹有成飞升仙界之后，便永镇龙虎山，在龙虎山天师于三元节授箓传度时，他行赏罚之责。

那么，这位黑虎玄坛赵公元帅怎么会被当成财神的呢？从这一介绍中，我们可以看到，原因就在于，他是西方金炁的代表。对此，要稍作点解释。

首先，他是皓庭霄度天慧觉昏梵炁化生。这是说，他虽然秦时出现于世，似乎是从凡人修成仙体的，而实际上，他本来是从某一天界的道炁化生的，先天的来历便不凡。按道教的宇宙模式，天分三十六重，其中三十二重分处于东南西北四方，另有四重天为太清天、上清天、玉清天（合称三清天）和大罗天，为三清尊神所居。据《灵宝无量度人上品妙经》（简称《度人经》）的介绍，皓庭霄度天处于北方，天帝名慧觉昏。而所有天庭和天帝，都是元始天尊大梵之炁所化，梵行诸天，便有诸天帝出现。所以皓庭霄度天梵炁化生，便意味着是北方某一天帝的道炁所分身化育，其质自不同凡响。

其次，他所处的方位为乾。这是从皓庭霄度天所在之方位来说。所谓乾方，是从八卦方位来说的。在《周易》的学说中，有关于卦位一说。现存的八卦方位，主要有两种，一是称为伏羲先天卦位的，一是叫作文王后天卦位的。先天卦位大约北宋时才出现，据说系由著名高道陈抟传出。而后天卦在《易大传》中即已存

◎ 文王八卦方位

在，道教举行仪式时，多用后天卦位来标帜，如踏罡步斗时就用后天方位图。依后天卦位图，乾卦位于西北，依五行说，西方属金，北方属水，所以称他乃是"金合水炁"之象。

再次，从其服色、武器、坐骑等看，也是金水相交之象。头戴铁冠，手持铁鞭，铁为金而黑，黑在五行属北方壬癸水，因此为金遘（遇）水之象。他面色黑，象北方水；五行之兽，西方白虎，属金，但他跨的却是黑色的虎，黑为北方之色，黑虎也是水中金之象。

最后，从他所行的大法来看也是这样。他本为皓庭霄度天梵炁所化，又修成了道体，所以称他为"道"。依道法理论，道为法之体，法为道之用。意思是一切道法都依大道为本源、本质，而大道的运用，便是法。他行的法为雷法，而所居在太华西台，便有西方金象，所行的大法，称为"金轮如意大法"，金轮当然是金象。

从这些理由看，赵公元帅实为金水相遘之象。按古代金为财富的正式代表，而民间复以水代表财。赵公元帅为金水相逢的象征，自然是财富的第一代表了。他充当财神真是天造地设，再恰当不过。作为财富的人格化，赵公元帅是最为典型的代表。他不仅管财，自己本身就是财富的集聚。

元帅代表西方金，使得他的职司中除了斩妖捉怪之外，出现了一种"和合"的功能。和合，范围很广，凡人际关系，诉讼（即人称的官司），都是他和合的对象。而其中另一项重要内容，则是买卖交易。他的小《录》中不是就提到"买卖求财利宜和合"吗？所以在他的科仪中，有时要他"部领天和地合二大神，火速召财利市"，[①] 那是完全的财神职权了。要招财利市，除了和、合二神外，还得有其他的负责仙官，其中包括招财和进宝，在他的秘法中，这也准备好了："谨敕赵将军，和合喜中神，所求和合吏，用事自然成。"这些和合仙吏，包括了和合童子、和合判官、双身大圣、万回哥哥、利市大神，等等。而和合二圣手下还有别的仙吏，所以在以"和合"为主要内容的法术科仪中，有发二圣符的内容，其咒中有云：

---

① 《道法会元》卷235《正一玄坛乘虎都督赵元帅秘法》。

天和合神，地和合神，二圣通真疾速灵。招财童子，进宝郎君，万事和合，百物丰盈。二圣和合速行。急急如律令！

由这咒可见，后世称为招财、进宝的二位仙官，在赵元帅的大法中已经齐备。招财进宝等仙官在后世的财神造像中多作陪衬，而和合二圣则不常见。幸好清代浙江的余杭还保留有一幅和合二圣图，被《中国民间年画》一书收入，只是这种造型是否宋元之旧，就不得而知了。

上面说的一些情况，是财神赵公元帅的造型依据。一般看到的赵公元帅，都是黑面浓须，穿铁甲，戴铁盔，手持铁鞭，胯下坐骑则为虎。他的身边，则有招财童子、进宝郎君等随侍。不过，近年，人们对于财神在道教教义中的依据多不甚了了，所以只向着他是财富代表的一面去塑造，将他通体贴金。

财神身上体现的道德精神，当然不限于这些，但从上面谈的一鳞半爪，

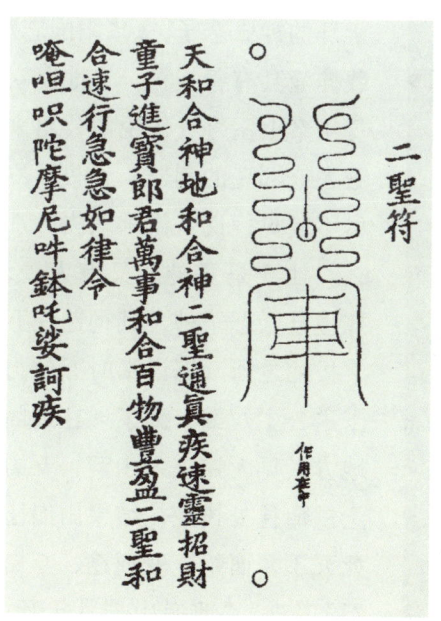

◎ 二圣符

◎ 和合二圣

已足可见到在日常人们的崇敬神明中,其实是贯穿了道德涵养在里边的。苏州玄妙观财神殿大门两侧有联曰:"财施好善忠良士,神佑有缘功德人。"依这副楹联所说,财神是司财的,可以赐予人们财富,但是他的施与,是有条件的。这条件就是来求的人必须以善为基础。只有好善忠良之士和积有功德的,才能得到神的护佑。反过来,也是警告那些除了想发财之外没有任何道德操守的人,香烛再旺也无济于事。

文昌

文昌神,又称文昌帝君,是专门管功名禄位的神。在科举时代,多为文化所崇拜,供奉极为普遍。因为那一时代,学而优则仕,只有考上功名,中秀才,中举人,直到中进士,才是跻身于正途官场也光宗耀祖的事。而管这事儿的神明,当然在人们心目中地位不一般。

文昌神最初是指天上的星君,后来呢,与四川剑阁的梓潼帝君合而为一。

◎ 文昌帝君

梓潼帝君,原是蜀地民间崇拜的神张恶子。《华阳国志》载梓潼县有善板祠,当地民众每年奉上雷杼(传说雷公用来劈人或邪鬼的利器)十枚,岁尽不复见,说是雷神取去。那么,他应是雷神。又有人说,梓潼县张恶子神,其祠建在五丁拔蛇之所(据说秦时五位力士送公主嫁蜀,到了现在剑阁地方,见大蛇进入山洞,五力士拼命往外拔蛇,结果山崩压死五丁,而绝壁变通途,李白《蜀道难》"地崩山摧壮士死,然后天梯石栈相钩连"就是写此），那么又可能与蛇有关。民间传说，则说它是隽州张生所养之蛇，因而立祠，当时人称为张恶子。梓潼神即雷神，也可能是先民所祀的蛇神。只是后来加上了姓名罢了。不过对此没有更多的旁证，只是一个推测。

雷神也罢，蛇神也罢，是晋代以前的民间所祀，而它的走运则在唐以后。唐玄宗、僖宗奔蜀，传说都得到它的护佑，于是它被封为"济顺王"。宋真宗时，据说在镇压益州民众起义中，也得到梓潼神的帮助，所以又封其"英显武烈王"。

宋代，有蜀中士人出来应试的，剑阁是出川的常经之途，于是过往者便会入庙祈祷，据说十分灵验。到了南宋时，都城临安（即今天的杭州）和各州郡都有了他的神祠，成为四方士子求功名者的专门祷祀场所。到了元，他又完全与古代的文昌星君合一，被称为文昌帝君。由于掌功名，一般的儒生也多崇拜他，所以他的影响贯穿了儒学与道教，当然也因之在社会上造成极大的影响。

文昌帝君是管文教爵禄的，随着科举制度取消，他面前的香火消停了一阵子，但在改革开放以后又兴旺起来，特别是近年越来越旺。因为现今的时代，可谓是科试的时代。从小学到博士毕业，隔几年就要过一个考试关。除了学历的考试，还有无穷无尽的考证、考职称、考公务员，简直是贯穿了一生。要考，必存在机遇，要想通过，必有部分人想得到神佑。所以每到考期之前，便有文昌帝君前的香火走旺之机。所以，江苏一带好学之风盛的地方，每造新庙，必建财神殿，也必建文昌殿，这也是民心所向吧。海上白云观在西林后路时，因为殿堂已缩为"文革"前的七分之一，故没有设文昌像，现今的文昌像是在迁建时加修的。这也是适应民心，适应信仰重点转移的措施。文昌前香火旺，是文运重兴的写照。

文昌帝君地位高，但他管的事却涉及机密。所以他的侍从有些特别：一个耳聋，一个口哑，号称"天聋地哑"！因此，求他老人家保佑是可以，要想贿赂他的手下偷个题目弄个标准答案，可是休想。那天聋地哑最多只会冲你笑，却不会给你特殊照顾：他们压根儿听不到你的话，即使有心帮你，那也讲不出口。

关帝

白云观群神中,关帝地位有些特别。

关羽,民间常称为关圣帝君、关帝,是等级很高的神。清代他被奉为武圣人,与文圣人孔夫子并列。这种情形一直影响到现在,台湾省日月潭边上至今仍耸立着巍峨壮观的文武庙,就是孔夫子和关帝的合庙。

关羽作为历史人物,在陈寿《三国志·蜀书》中有与张飞、马超、王忠及赵云同传。传较为简略,只说他字云长,本字长生,河东解人(今山西解州人),因亡命逃奔到河北涿郡(涿州),后来与刘备相知,刘备和关羽、张飞一起寝则同床,恩若兄弟,一同起兵,系刘备手下重要的将领。一度被曹操所擒,拜为汉寿亭侯,但关羽终是思念刘备,待为曹操杀了袁绍大将颜良,便封还曹操的赏赐,回到刘备身边。待刘备为汉中王时,关羽曾打败曹仁大军,曹仁手下大将于禁七军皆没,由此关羽威震华夏。但大意失荆州,被孙权手下大将吕蒙击败,与子关平一起遇害。死后被谥为壮缪侯。当然,传中也记述过他的一些英勇故事,最有名的便是他曾为毒箭所伤,每当阴雨天气骨常疼痛,华佗告诉他:只有刮骨去毒。他便伸臂让华佗刮骨,当时血流淋漓,盈于盘器,他却割肉举杯饮酒,言笑自若,端的不同于常人。他的这些故事,在宋代就受到人们的传颂,民间的说书艺人对之进行了许多细节加工,到了《三国演义》问世,他的事迹更广为流传。只是《三国演义》为小说,对人物进行了大量的艺术加工,不是他们在历史上的原貌了。比如,在《三国志》中,关羽和张飞、黄忠、马超和赵云合传,陈寿也许觉得他们的地位和行事有些接近,

◎ 白云观供的关帝

而在小说中，他们就成了刘备手下的五虎上将，端的是英勇盖世了。五虎上将的说法，在历史文献里找不到出处，是纯粹的艺术创造，但一下子鲜明地将他们的形象托出在读者眼前，所以有很强的感染力。在《三国演义》中刘关张桃园三结义，关羽的形象忠心不二，威震华夏，过五关，斩六将，真是千古少有。

关羽虽然曾贵为侯，有立庙祭祀的资格，只是从宋到清，他的地位不断升高，直到明赠位为帝，清代更升为协天大帝，却与道教与佛教对他的重视密切相关，特别是道教，起的作用更大。广泛吸取民间的神，是道教不断壮大声威的途径之一，也是控制神权、吸引民众信仰的一个重要手段。佛教在逐步中国化的过程中，也是这样。比如关羽，就被中国的僧徒立为伽蓝神。关羽在道教中有着特殊的地位和意义。据现存的文献，传说宋徽宗时，解州因有妖魅作怪，徽宗让三十代天师张继先治之，功成后皇帝问所召的神将为谁，张继先答是三国大将关壮缪。于是徽宗封关羽为崇宁真君。这一故事载在《汉天师世家》。① 《道法会元》中载有召役他的科仪，称为"地祇馘魔关元帅秘法"，② 其中召他的有一道专符称为元帅真形符，实际上即是关元帅的形象。这一书中所收的不止一家一派行此法，其中"又一派"便称主法者为"三十代天师虚靖真君张讳继先"，足见在道教内部确有请张继先主法召役关羽的仪式。在此法中，对关羽有一个称呼是"酆都朗灵上将关羽"，而在明万历年间修的《续道藏》中，收有一种《太上大

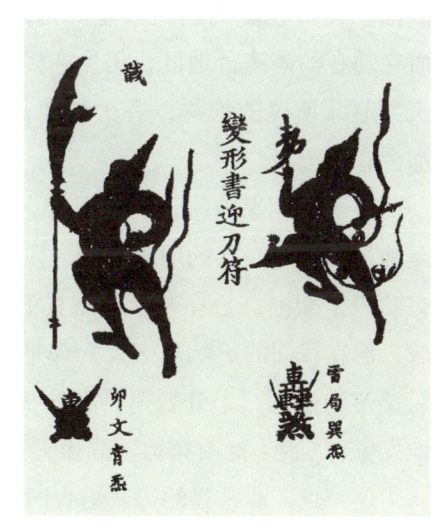

◎ 元帅真形符

---
① 《龙虎山志》卷六。
② 《道法会元》卷259—260。

圣朗灵上将护国妙经》，就是以关羽的名义宣传忠孝的。足见在道教之中，他的地位在逐步上升，由一个一般的召役神将，演变为可以独立传经的神灵。这说明道教界对于关羽的日益重视。明万历二十二年，道士张通元请皇帝对关羽晋爵为帝。过了20年，关羽被封为"三界伏魔大帝神威远震天尊关圣帝君"。他在道教中的"关帝"身份大致上直接从历代皇帝的褒封而来，似乎更为"名正言顺"。第一个给关羽神上封号的是道君皇帝宋徽宗。之后共15个皇帝为关羽加封授匾。当阳关陵庙中关羽的神道碑上刻着"忠义神武灵佑仁勇威显关圣大帝汉前将军汉寿亭侯"，关陵正门上书"威震华夏"四个大字，是清同治帝写的。有了历代帝王的褒封，关羽坐稳了"武圣人"、"圣帝"的位置。清代赵翼（1727—1814）说：(对关帝的崇拜)"今且南极岭表，北极塞垣，凡儿童妇女，未有不震其威灵者。香火之盛，将与天地同不朽。"① 他讲的现象，大抵是实录。关羽被称为"帝君"，是沿用了道教神谱中既有的尊号，也符合中国古代对有功之士的褒扬封赠的习惯做法。关帝在清代达到极盛时期，在民国以后，也在民间祭祀非常普遍，而在现在的港澳台地区，仍然在民间信仰中占有重要的地位。清代的情形，正如赵翼所说的那样，香火被他占尽。差不多每到一个稍具规模的集镇，都会有关帝庙。

关帝在商家中常被当成财神，为武财神之一。这位关帝财神，与赵公元帅不同，是实有的历史人物，殁后才尊为神。关羽生前曾任蜀汉的大将，有功劳于蜀国，且在蜀汉与东吴的战争中牺牲，是够得上祭祀资格的。不过，他在民间的影响那么大，却是中国社会各阶层长期塑造、演化的结果。对关帝的崇拜，十分普遍。在这种广泛崇敬的氛围中，关帝的神格正悄悄地发生着变化：他由英勇善战和义气干云，衍生出司财的职能。

这一点，清顾禄的记载给我们提供了线索：

（五月）十三日为关帝生日，官为致祭于周太保桥之庙。吴城五方

---

① 《陔余丛考》卷35。

杂处，人烟稠密，贸易之盛，甲于天下。他省商贾各建关帝祠于城西，为主客公议规条之所，栋宇壮丽，号为会馆。十三日前已割牲演剧，华灯万盏，拜祷唯谨。行市则又家为祭献，鼓声爆响，街巷相闻。

这段记载基本上是大白话，而提供的信息却不容小觑。清代的吴郡即现在的苏州，是一个商业活动的中心。各地来的商人，都建有会馆，而这些会馆毫无例外地都与关帝庙合为一体。为什么会建在一起呢？这与当时的商业活动有直接联系。所谓"公议条规之所"，即是商家（主）与客户共拟守则也包括订立合同之所。订合同，讲的是信义，古代中国没有明确的商业立法，主客能否信守合同，重要的一个手段，是在神前盟誓。关帝以忠义和正直著名，当然是首要的选择。

顾禄谈到的行市家为祭献的情况也很值得注意，它说明祭关帝，不仅会馆有集体性的祭拜活动，也普及于一般的商贩。由商人敬祭关帝，很容易使对他的崇拜与财利联系起来，这样，以义气著称的关公，便主管起利来，真是利义兼顾。

关帝的财神品格，就是这样塑造出来的。

关帝财神的形象，与一般立庙祭祀的形象基本一致。多为手持青龙偃月刀，披战袍，或由关平捧印、周仓持刀，而关羽则手抚长须，眼观《春秋》。他最重要的特色还是枣红脸，卧蚕眉，长须。一般在他的龛旁，常有一些表扬他忠义的楹联。

关帝财神有单独供奉的，也有与其他财神一起供奉的。在民间的绘画中，还有一种特殊的组合方式，那就是他居于上方，赵公明居于下方，称为"上官下财"，或是他居中，上下方各画一财神，称为"一官双财"，那是用了他姓氏的谐音，做了官的象征，既升官又发财，实是社会地位与财富双丰收，真是利莫大焉。

若论他活着时的政治阵营，他属于蜀汉，而现今的上海处于东吴界域，而且还有几位东吴的大将正是现今上海地域的人。比如，火烧连营的陆逊，

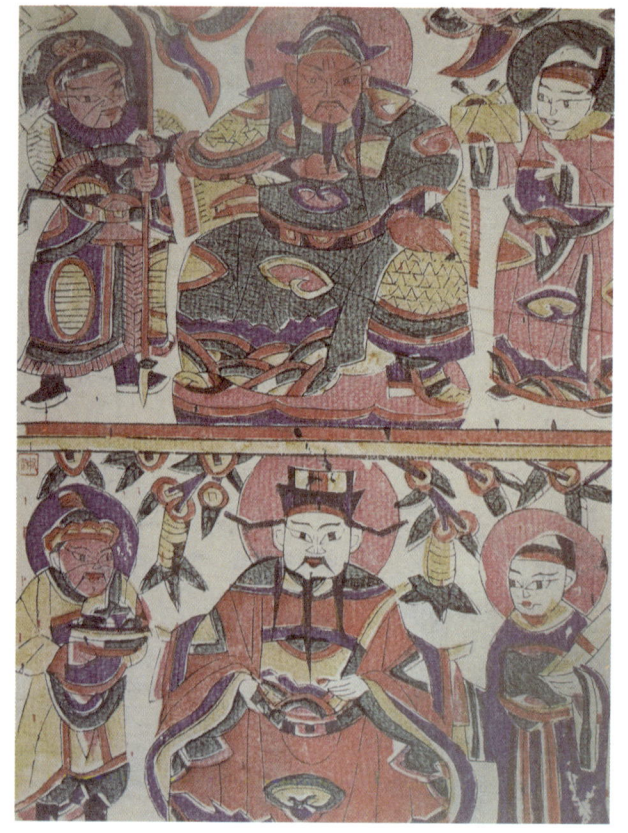

◎ 上官下财

便是一位。清代汪巺东的《云间百咏》中有一首《武帝庙》：

千灯浦口惊神火，百首江东有妙词。
里置行宫家绘像，无人肯拜镇西祠。

在诗下作者自注说：

郡有武帝庙共五十六所。
明倭寇过叶湖塘，见神灯千盏，乃不敢犯。帝签本江东神签，或

传明太祖议伐木时得签，怒，后斥其祀而移签于帝庙中。此与《七修类稿》所载不符，未知孰是。镇西祠在郡城石狮子巷，祀吴昭侯陆逊。

所谓云间，即古代的松江府，包括现在的上海市松江、青浦、南汇、奉贤等区，还包括原来的上海县，所以几乎是上海市中心区及其东部南部地区。从他的说明中我们知道这一府有武帝祠56所，而且还有大量的家庭供奉他，达到了"里置行宫家绘像"的地步。奇怪的是，与对关帝的极度崇拜形成反差的是，民众对供奉东吴大将陆逊的镇西祠，却表现出一片冷落。须知，云间为古江东的一部分，三国时属吴，陆逊应当算是老乡了，关公是山西人，后来跟随刘备，他的死难正是东吴大将吕蒙所赐。所以他应算东吴的敌将。后来呢，他的老兄刘备倾全国兵力为二弟报仇，结果又败在陆逊之手，"火烧连营"的结果是刘备死于白帝城。从江东说，陆逊有功，而关公为敌。然而清代云间却完全颠倒过来。当然了，别说清代，就是更早时候，江东早已城郭依旧，人民全非，所以原来意义上的乡情早已不存在，只剩下从自己信念出发的行为选择。这一选择，与全国大多数地方一样，天平上的砝码明显向关帝移动，"无人肯拜镇西祠"是无可奈何的事实。诗的首二句，与我们的话题关系不大，只是不加说明，读者心中难免留下疑团，所以也顺便说说。"神灯"句是说明代倭寇来犯，见到神灯千盏，遂不敢来侵犯。这与关帝有什么关系呢？原来百姓将这当成了关帝显灵。第二句"百首江东有妙词"，指的是关帝庙中的灵签，正好是一百首签诗。这签诗，原是宋代的江东武安王签，当地有传说称为朱元璋所得签诗。说关帝为什么从签诗说起呢？因为在民间的崇拜中，很重要的一项是向神占问吉凶，签是一个重要手段。签名又总是由所崇拜的对象命名，如观音签、城隍签之类，所以提起签，便想到神。

总之，关帝的神格，已经具有综合性质，近年市场经济发展很快，适应这一局势，他兼任财神的品质才被凸显出来。

雷祖殿诸神

　　白云观最初为雷祖殿，后来几度改建、搬迁，但雷祖殿仍然保留，只是囿于场地，缩小了规模。现今的海上白云观，雷祖殿中同时供有三尊神像：中间为雷祖大帝，雷祖之右为真武大帝，雷祖之左为南极长生大帝。这一规制是改革开放后恢复白云观时即定下的。

雷祖大帝

　　九天雷祖大帝的来历，要从雷法说起。我们在介绍海上白云观的来历时，已经提到过雷祖大帝的来历，所以不再重复。

真武大帝

　　真武大帝，正式的称号是北极玄天上帝。凡是到武当山游览过的都知道，整个武当山所供的祖师，就是玄天上帝。而且武当山的全部宫观，都是沿着玄天上帝在武当修道的路线安排的。白云观供的，正是那位赫赫有名的大神。这尊神像还是明代朝天宫的旧物，今天已是非常珍贵的文物。

◎ 雷祖大帝

◎ 白云观玄天上帝

玄天上帝的原型为玄武。在中国古代的天文坐标中，北极为天极，最高的神灵居住于此，而用二十八宿，即二十八个星宿将天宇分割成不等分的二十八个区域，以标识太阳的运行。这二十八宿，又分成东南西北四个大区，每区以七座星宿来规划，而每一方星象都以其串联后的形象命名为一方之兽，号称四灵。南方七宿为朱雀，东方为青龙，西方为白虎，北方则为玄武。玄武为龟蛇合体之形。到了宋代，认先天尊神赵玄朗为始祖，真宗朝，为避赵玄朗之讳改称为真武。在唐五代的道法"北帝法"中，他是北极紫微大帝手下的大将之一，北宋时与天蓬元帅、天猷元帅及黑煞将军一起被称为四圣真君，玄武号为佑圣。以后呢，他的地位越来越高，直到明代永乐年间，永乐皇帝朱棣上尊号达一百个字，号称玉虚师相、三教祖师云云，尊崇到了极点，而且在武当山——传真武祖师在此修道飞升——大造宫观。按传说中真武从以净乐国太子身份出家修道起，于今丹江口市建净乐宫，水路70里抵岸后，再陆路70里到天柱峰金顶，沿途上去，每到有真武故事之点，皆造成宫观，如太子坡、他飞升处南岩，据称他修成大道后有五龙捧云，则又在五龙峰下造五龙宫，在武当山最高峰天柱峰则建有金顶，供奉铜铸真武像。

玄天上帝的修道故事，从元代起就专门有人集书，有图有文字，有相当高的艺术价值。到了明代，又几次重修，比如现在能见到的《真武灵应图册》就十分

◎ 武当山金顶上的玄武铜像

◎ 玄武复位坎宫

传神。这本书从他出生开始，说他是"元始化身，太极别体"，来历非凡。但是这位先天尊神，却托胎于净乐国净胜王后。出世之后聪颖异常，但不恋王位，坚持出家修道，历尽考验，道心不变，终于在武当山修成大道，应三清上帝之召白日飞升。而后又奉命在洞阴之地扫荡妖魔，最后复位于坎宫——坎位在北方，玄天上帝于是成为北方正神。玄天上帝的神像通常作披发跣足，手仗剑。在武当山上多青铜浇铸，海上白云观所供风格与武当山所存的大致相同，因为同是明代之物。只是白云观所供已贴金，不知是当年的原样，还是后来的增益。

白云观供玉皇为主要神灵，玄天上帝供在这里，又处于什么地位呢？

在武当山，供奉的主要神灵是玄天上帝。但是奇怪的是，玄天上帝的大殿中，塑得最大的神像，却是玉皇大帝像。玄天上帝一般立或坐于玉帝前。民间称这种情况为"背靠至尊"或"头顶至尊"。原来,玄天上帝虽然地位隆盛到了极点,但是他毕竟是北方至尊,究其实情,乃在玉皇之下。北方属水,玄天上帝用的旗子尚黑,又因他地位不断上升,与自北向南的战争有关,所以又被看成是战神。

从这个角度说,海上白云观主供玉皇,同时供玄天上帝,正符合玄天上帝的神格。除了三清,其他的神道,哪怕达到"帝"级,终究还是处于玉皇的管辖范围之内。

南极长生大帝

南极长生大帝,现在一般都造作寿星样。但在历史上,他的地位比寿星要高得多。

原来,在道教的历史上,有一个重要的派别——神霄派。这一派兴起于北宋后期,宋徽宗赵佶时,有温州人林灵噩,得到宋徽宗的宠幸,他见徽宗时,称天有三十六重,最上一重天为大罗天,大罗天又分成三十六层,

◎ 南极长生大帝

◎ 水陆画中的南极长生大帝

最上那一层称神霄天。他们所传的即从神霄天宫传下的道法。这样神霄法便广传于天下,按照皇帝的圣旨,每州都建造神霄宫。大约在宋以后直到明代,道教中形成以三清为首,下为玉皇,玉皇下为四御的主神结构。四御,即四位大天帝,系勾陈大帝、紫微大帝、后土皇地祇,以及南极长生大帝。可见他的地位极其崇高,是道教的主要神祇之一。那么这位南极长生大帝是什么来历呢?

据道书《高上神霄玉清真王紫书大法》的序言介绍,他是元始天尊的大儿子。元始天尊与太玄玉极元景自然九天上玄玉清神母行"上清大洞雌雄三一混化之道",生子八人,长子即为南极长生大帝玉清真王。他主治神霄天,传下的法为神霄法。这神霄法,实际即是五雷正法。而白云观最早供奉的雷祖,也是南极长生大帝的分身。所谓分身,是指元始一炁,分而为南极长生大帝,再由南极长生大帝一炁分化而成九天雷祖大帝。

祖师殿诸神

前面说过,海上白云观从雷祖殿开始,后经扩建,有吕祖、丘祖等殿,但经过"文化大革命"的"横扫",遭受到极大的破坏,恢复时实际只有原观的七分之一。两座祖师的殿堂早已荡然无存。同时,清末被海关扣下的七尊神像,其中便有张天师和许真君铜像。此二像,在白云观恢复后,都站在玉皇座前。在迁建于现址时,另建了祖师殿,供奉张天师、许真君和吕祖,原来的张天师和许真君铜像便移至此殿。吕祖为著名的神仙,八仙之一,但是从法统来讲,全真派认作五祖之一,而正一派都奉张道陵为祖天师,也是开山祖师,许真君为净明派祖师,后来净明派也归入正一万法宗坛。所以现在祖师殿的供奉,综合了全真与正一两大派,也尊重了海上白云观的历史。

张天师

张天师,即张道陵,东汉末,创道于四川鹤鸣山(史书上记作鹄鸣山)。他所创的道派称正一盟威道,他和道派的继承者都称天师,所以后来以天师道名之。他为天师道的第一任领袖,所以称祖天师。对于他,我们在后面谈文物中天师铜像时还会述及,这里只做简单的介绍。

许真君

许真君名许逊,江西南昌人,东晋中时人。他是净明派的祖师,后世被尊为四大天师之一,常在玉帝身旁。后文还要谈及,这里只对他的出处稍作介绍。

吕祖

前面已经说过,吕祖原系全真道对他的称呼。他姓吕,名岩,字洞宾,有回道人等化名,回,即双口,为吕。他在民间极负盛名。民间传说中,吕洞宾是八仙之一,地位极高,却经常行走在人间,而他似乎有些江湖奇人的色彩,会化成各种身份的人,凡是民间有不平事,都会打抱不平,对

◎ 张天师

◎ 许真君

◎ 白云观的慈航殿，中为西王母，右为慈航道人

穷苦的好人，会给一点帮助，对不讲道德的市侩，会给一些警戒。他曾发过誓，要度尽天下人后再正式成为天仙。这一"度尽天下人"的形象构成了民众信仰他的基本缘由。所以在清代宫观中，供奉吕洞宾非常普遍。有的干脆就称他为"神仙"，似乎提到"神仙"不言而喻就是指吕洞宾，而吕洞宾便是神仙的代表和象征。比如苏州就曾有个神仙庙，其实供的就是吕洞宾，到了四月十四他生日的那天，庙里会有庙会，民间的一切都沾上了神仙之气，卖的帽子称"神仙帽"、花称"神仙花"，糕点也挂着神仙的牌子称为"神仙糕"。

慈航殿和其他

慈航即观世音菩萨，道教中称为慈航道人。这一神明，什么时候进入道教,已不易弄清楚,至迟在南北朝时。在东晋末问世的《太上灵宝无量度人上品妙经》中已出现"摩想观音"一语,摩想现多写作"摩诃",是大的意思,此句是赞颂伟大的观音天,只是观音天,为三十二天之一,多写成"光音天",怎么会写成观音,实在有些不可解释。可能度人经在流传中,人们较熟悉观音,而少知光音,就把他们搞混了。足见在当时,人们已经非常熟悉观世音了。

上海白云观最初为全真道观。从王重阳创道开始,就提倡三教一家之说,将佛、儒二家学说引进道教。或者说它是站在道教的基本立场,吸收了佛教和儒家的思想。因此,在全真的道观中出现佛教的菩萨也不是奇怪的事。当然,对于所吸收的佛菩萨,他们所做出的诠释常有自己的理念含于其中。观音被称为慈航道人,或慈航真人,便是这样。观音虽进入道观,但她号称能救苦救难的神格仍然不变。这样每届她的生日、成道日和涅槃日(民间都称为她的生日)便有大量香客进入观中,在慈航殿中膜拜。

瞿真人

瞿真人的真实姓名不详,只知道是一位精于医术的道长,殁后乡人供奉为神灵。系河南人。精于医术,在民间行医,为解除百姓疾病做了很多努力,甚至于许多病入膏肓的,也靠他医活。所以老百姓对他怀有极大的感恩之心,在他羽化后,立庙祭祀。道教与中国医学素有不解之缘。像道士中的华佗、葛洪、陶弘景、孙思邈等,都是著名的医生,孙思邈还被尊

◎ 瞿真人

为药王。近时因为我国医生发明青蒿素而获得诺贝尔奖，国民心情大振。其实，这青蒿，为葛洪《肘后备急方》所载，作为清热解毒药推荐使用。20世纪60年代，由于国际形势的变幻，治疗疟疾的特效药奎宁原料鸡金纳霜突然断了供应，迫使我国医师寻找更为廉价、在中国本土有产的药物。后来医生们受到葛洪书的启发，加以研究并用现代科学方法提炼，形成青蒿素及相应的药物，不仅找到了治疗疟疾的良药，还广泛用于治疗其他的疾病。造惠民众非此一端，当被推广到世界，也获得极好的评价。在民间，对这些高道兼名医，都推崇备至，前述几位，都曾以各种名义立庙祭祀。像葛洪与其妻鲍姑（据传精于针灸，尤其是艾灸特别神奇）在广州供奉很盛。孙思邈供奉更广，差不多大型的宫观中都有专门的药王殿，他的家乡，专有一座山称药王山，在四川成都附近也有一座药王山，供奉他，也供奉玉皇。宋代福建地方有一位医生姓吴名夲（音滔），也是一位高道，被称为吴真人，羽化后百姓立庙祭祀，现今在台湾地区仍十分兴旺，其庙或被称为保安宫，称他为保安大帝，老百姓也常称他为大道公。而瞿真人的祭祀原在河南当地兴盛，后来，河南人来到上海谋生，也将故乡的信仰带到了上海。清末民国时期，其庙香火甚旺，为此还有一条马路称为"瞿真人路"，经扩展后现今称为瞿溪路。这是上海少有的以庙为名的马路。瞿真人的庙在上海城市发展中渐被湮没。改革开放以后，有河南的信士将瞿真人像抬入海上白云观。瞿真人影响很大，目前白云观为唯一供奉场所，常有香客专程来祭拜。

☯ 王灵官和其他护法神将

建造玉皇殿，不能没有护法神将。事实上，凡是宫观，都会在进山门头一殿塑起护法神的专殿，让他们或站在两旁或镇守中路，保佑着宫观，人们一见到他们便会生出敬畏之心、庄严之意。只是因为各宫观主供的神灵不同，护法神具体是哪一位，也会有些差异。比如东岳殿所管的是阴间之事，护法神不用天将，而用东岳太保温琼等；武当山为真武大帝即北极玄天上帝道场，紫霄宫入口之处便是青龙、白虎；而像城隍庙这样所供神灵等级较低的宫观，则不能用王灵官这样高等级的神将站岗，而只能在城隍神座下塑几个皂隶供老爷驱使。海上白云观与大多数建制完整、供奉高等级神灵的宫观一样，都以王灵官为正中的护法神将，另外有殷郊、岳飞、杨元帅、温元帅分列两旁。

新建的海上白云观仍建有灵官殿。而站立在殿中的，就是这位威风凛凛的王灵官。说到这位王灵官，倒是有许多故事可以说。据说，他原来是某处的城隍神，名叫王恶。这位老爷，有个恶习，就是要老百姓给他血食，即用活生生的动物来祭祀。有一天，南宋时著名的高道萨守坚经过此地，发现了这一不正常的情况，心中大怒。要说这位萨守坚可不是寻常人物。他虽然北宋末年才得三十代天师和另一位雷法宗师王文卿的指点，精通五雷正法，但道果却非同寻常，现在玉皇大帝前值班的四大天师，他便列于其中。须知，这四大天师中另外三位，可是道果圆满，德高望重，其中张道陵天师为正一创教祖师；葛玄天师，则是生于三国，为灵宝祖师；许逊许真君，则是净明派的祖师。萨守坚在他们面前可谓后辈，但能与之平起平坐，端的要些真本事。不过这是后话，他遇王恶时，尚未受封为天师，算是他修道过程中的事吧。且说萨守坚见王恶要老百姓供他血食，生气至极，于是作起法来，一把火将这城隍庙烧了。王恶当时不在家，回来一见之下，又悲又恨，于是直上天庭，到玉帝那儿告了御状。说自己一家300余口，遭此横祸，闹得食不果腹，非得报仇不可。玉帝一查，萨守坚未经报告擅自烧了经过册封的庙宇，于法有亏，按律当处分，但是王恶要人供他血食，犯戒在前。所以只答应王恶：你在暗中跟着萨守坚，一旦发现他违反道戒，准你将他打死报仇。于是王恶隐身跟踪萨守坚，12年中没有发现他有违戒之情。一日，萨守坚在水边洗脸，一下照见王恶的身影，急忙召他出来问话，才知事情原委。王恶钦佩萨守坚持戒精严，愿意拜萨为师，重修正果。于是萨让他改名为王善，做个跟随的护法。后来，王善做了许多好事，才被玉帝正式封为灵官，在雷部充职，成为著名的天将，号称火车王灵官。

他的职司，仍是担任护法大神，进山门第一进便是灵官殿。这位王灵官，红发红须，浑身通红，身披盔甲，手上高举钢鞭，端的厉害无比。更加威武的是，他脚踩火车，就是像大家看过西游记哪吒太子所登的风火轮。那可是风驰电掣、烈焰腾腾的宝物，不用开打，凡过之处，妖魔鬼怪早就化为灰烬了！

灵官殿两侧还站着殷郊、马胜、岳飞、温琼等护法神将，他们都是明代铜像，我们将在介绍文物的那一部分分别介绍。

◎ 王灵官像

形态独特的六十甲子神

六十甲子神的神格

  白云观里供奉的神灵，多数进入道教神谱，却也有在现存的《道藏》、《续道藏》中查不到的神。前面提到的瞿真人，是其中之一。这位真人，实际上是河南的地方神，本来由河南人带进上海，也是由河南老乡，将他抬进了白云观，所以在上海民间的影响还不算大。然而，说到民间的影响，那六十甲子神就完全不同了。

  近三十年来，在上海新建的宫观中，一般都建有甲子殿，供奉六十甲子，他们又称为值年太岁。按照中国传统的干支纪年，甲乙丙丁戊己庚辛壬癸，十个天干，配合子丑寅卯辰巳午未申酉戌亥十二个地支，形成独特的年号如甲子、乙丑之类，循环一周得60年整。60年后，又开始新一轮的循环。民间说的"六十甲子轮流转"，就是指这种情况。

  中国传统素来有对于太岁的信仰。太岁，指天上的岁星，其实就是木星。太岁是主司年运的神。他十二年轮一转，在地上称为一纪。太岁之方，为凶方，俗话说"谁敢在太岁头上动土"，就是说若是正好面向太岁所在的方向，动土营造，那一定会招来横祸。所以不小心冲犯了太岁，必须举行一个谢罪的仪式，叫作"解谢"或"解过"，得到太岁爷的原谅，才可平安。从甲子到癸亥，要转60个年头，民间又认为每年都会有一个值年的神灵，也叫太岁，严格说是分年的太岁，只管这一年的时运，一般称他们为值年太岁。天干地支一轮60年，值年太岁就有60个。那总太岁，名叫殷郊。殷郊的来历常人不知，有些人便到《封神演义》中找出处，实在有些数典忘祖。原来《封神演义》是明代后期才问世的小说，而它所描写的诸

神的原型,则绝大多数来自道教,一部分来自佛教,也有少量是一般的民间信仰,如扫帚星之类。殷郊出自"地司法",据说其仪由北宋时三十代天师张继先所编。殷,就是大,郊就是土,殷郊义为"大土"。为什么会将天上的岁星称作大土呢?那是因为民间既以为不可在太岁头上动土,那么他一定住在土中,本身就是土中的大神,所以称大土。凡是动土后招致不安宁,那就要做一场地司法,请殷元帅光临消灾。而值年太岁的职司稍有不同,在于保一年的平安。所以,民间有拜太岁的习俗。

宫观中建六十甲子殿供值年太岁,其缘由即在此。

甲子殿,又称为元辰殿。有学者去查道书,发现道门中列出的60个值年神,名号与现今宫观里列出的不同,都是以甲子王文卿为首的60个神灵。所以认为,元辰与甲子神不同。不过,民间可弄不明白这些道理,都将之称为太岁,或者叫值年太岁。大多数宫观里塑的,都是六十甲子团团罗列围绕着斗姆,表示60个值年太岁,听从北斗星的指挥,依顺序运转,而斗姆,系北斗七星与紫微大帝、勾陈大帝九皇之母,请她坐在当中,是顺乎理遵于礼。

◎ 独具匠心的形象设计

现今中国内地和香港所供的六十甲子,其形象大多采自北京白云观。其实,六十甲子神是一群民间崇拜的神灵,起初可能其形貌各有地方色彩。笔者60年代在上海的保安司徒庙中看到的泥塑像便别样生动。只是这个著名的香火旺盛的道观,至今未能恢复,很是可惜。不过,即使恢复,原有的六十甲子神像也无从寻觅。改革开放之后,北京白云观是最早一批开放的道教场所。在当时,也是建制最完整的宫观。北京白云观以全真龙门祖庭和中国道教协会驻地的特殊身份,在中国道教界中的影响是可想而知的。北京白云观中六十甲子的造型,成了各方取则的标准。所以现今各观中的六十甲子像造型多雷同。

进入新世纪后，却有了些明显的变化。上海白云观迁移到大境路新址时，六十甲子神的造型，便意在求新，求活。当时，西林后路的白云观周围，列入了开发范围，协商后，迁往大境路新址。合同规定，新址房屋，由开发商营建以补偿白云观，而观中像设，则由道教界自己设计。这对于白云观来说，是一个机遇。主持其事的白云观庙管会主任姚树良道长很好地抓住了这一机遇。

西林后路时的白云观，由于世事沧桑，由七个大殿紧缩为一个，面积小，虽然见缝插针，辟出了尽可能多的殿堂，毕竟太过局促，无法专设元辰殿，所以六十甲子神团团罗列于雷祖殿两侧，空间局促，神的体量相应也小。迁往新址，则有条件设元辰殿。但以其布局，却又难独立设殿。于是姚道长向市道协另一位副会长戴敦邦请教。戴先生为沪上著名画家，几年前重拍电视剧《水浒传》，其中人物造型，便采用了戴先生的设计。长于人物画的戴先生，当即便表示，愿为海上白云观设计一套全新的六十甲子造像。

戴先生的设计，在空间布局上，以玉皇殿为背景，围绕大殿周围，沿两壁布置。六十甲子神似乎处于仙山琼阁之中，一下子突出了他们天神的品格。同时，与常见的坐像不同，采用立姿。而且，每一像，不仅面貌不同，姿态也各异。

这一组群像，成了上海白云观的艺术瑰宝。

与民众息息相关

六十甲子神，与每一个人都紧密相关。因为按照中国人的传统，每个人的生年都有干支纪之。比如2012年是龙年，查干支纪年，为壬辰年，而每年都有一位神灵管着，壬辰年的甲子神为彭泰大将军。前面说过，甲子神60年一轮转，而传统又将60年分为12等份，即我们说的十二生肖。隔12年，就会碰上另一个本命年。这样，每个人都有自己的本命年，也有本

◎ 形态各异的甲子神局部

命年的值年太岁。从自己的生年算起,每隔12年,便会碰上自己的本命年。民间的信仰,本命年实际是自己的凶年,每遇到本命年,都要向这一年的值年太岁祈求平安。民间称之为拜太岁,台湾地区则称为安太岁。另外,传统认为,若是自己的生年与这一年正好相隔6岁,即称为"六冲",认为也会有凶险。原来按照十二地支,围成一个环,每一地支为出发点,穿过环心,对应的那一点正好与自己相隔六数。子午对冲,相隔6年,丑未对冲,寅申对冲,卯酉对冲,辰戌对冲,巳亥对冲,也都相隔6年。那么,到了六冲之年,人们也会去拜太岁,祈求本年的平安。本命年和六冲之年,去拜太岁的人最普遍。也有些人认为每年都会有值年太岁,不如年年都去膜拜,来得太平。同时,也有根据生辰八字推算,认为某年自己流年不利,自然也参与到拜太岁的队伍之中。所以,对于太岁的崇拜,作为一项传统信仰,一直流传不绝。尤其是近十多年来,中国老百姓有向传统回归的倾向。以前被破坏了的传统,包括宗教文化,这几年都有复兴之势。

这几年来，拜太岁越来越引人注目。上海白云观的拜太岁活动也日渐兴盛。游客进了太岁殿，常常会去寻找自己生年的太岁爷。这当然不难，只是现在的人们，对于干支纪年已经陌生。2012年，年初属辛卯年，1月23日为壬辰年正月初一，此前生人属兔，初一起生人属龙。这种换算本来不存在，是在普遍采用公元纪年后才出现的问题。而习惯了公元纪年的，已经弄不清自己干支本命年是什么了，户籍上记录的可都是公元纪年。要想换算，可能还得临时请教道士了。不管怎样，弄清了自己的属相，进一步弄清了生年的干支，便可以寻得那一年的太岁。所以在甲子殿中，常见有人在寻觅一番之后，对着某一太岁燃香礼拜，那一定是找到了自己生年的太岁神了。

不过，这样的膜拜方式，还是最初步的。对这事儿认真点的，还会参加宫观里定期的拜太岁仪式。

近年来，白云观的拜太岁仪式，年年定期举行，一般是每年正月初八至十五，举行连续一个星期的集体拜太岁仪式。而在十月，又会举行谢太岁仪式，感谢太岁爷一年中的关照、保佑。除了一般仪式中必备的要素之外，拜太岁仪式极为重要的一项是"读疏"。疏，本是道门的一种文书，系向神

◎ 拜太岁洒净

灵报告事由，祈求佑护，或者帮助解救厄难，消除灾祸。太岁疏，便是向当年的值年太岁报告自己的祈祷之意。信众会事先在观中登记，让道长在疏中加上自己的姓氏。一场集体性的仪式，参与者成百上千，要一口气将所有姓名读下来，委实不易。但坛上道长却毕恭毕敬，认真宣科，不敢稍有差池。当读疏时，大批信众在神前侍立，那虔诚，那庄严，那期望，神情之丰富，平时绝难见到。所以呀，采风者至此，都会驻足观看——只是，人数多时，恐怕很难插足吧。

殿堂虽云窄
文化传精神

　　海上白云观曾经是上海滩上著名的宫观，但经过社会变迁的影响，到改革开放之后重新恢复，只剩下了一座小小的雷祖殿，面积不及原来的七分之一。要是比起数百亩地的大庙，实在是寒碜得很。当时白云观进门为灵官殿，隔着天井，正对大门是大殿，供玉皇大帝；大殿前的大天井两侧分别辟了几间房子供其他神道。上楼，在玉皇殿的上方是老君堂，旁边一间原来存放道藏的小间，经常做会议室、接待室之用。隔着天井，老君堂对面是殿堂，供着雷祖大帝和玄天上帝。只有围绕着天井的两侧有几间房子，作为道教协会的办公处。作为一个宗教场所，要经常举行各种斋醮科仪，要接待信众烧香礼神；整个白云观空间之局促，实在难以想象。然而，就在这小小的数十间房间构成的小道观中，竟然还容纳了一个道学院，并且有一份刊物的编辑部。这恐怕也算得一个奇迹了！如果我们借含金量的概念来形容文化，那么白云观中每一单位面积的文化含金量恐怕是最高的了。

道映申江：海上白云观

螺蛳壳里的道学院

　　江南人有句俗语"螺蛳壳里做道场"，形容在狭小的空间中做事业。这句话要形容当年办在白云观二楼的上海道学院，实在再贴切不过了。小小的教室，小小的学员宿舍，加上小小的教务办公室……总之，一切都要以小来形容。就是这样一个狭窄的道学院，居然在白云观存在了近二十年之久，而且培养出了几届学员，达到七十多人。

❖ 办班的缘起

　　上海道学院创办于1986年。当时，还是上海道教协会正式成立不久，正是百废待兴之时，面临的问题多如牛毛，道协的经费尤其紧张。据后来有道长回忆，当时的上海道教协会，一开始连开门都有困难——开门七件事，柴米油盐酱醋茶，哪一样少得了花销？本来，上海道教有自己的宫观、庙产，不至于如此寒酸。但经过十年"文化大革命"的折腾，宫观全部关门大吉，庙产被占，要收回来，谈何容易！因此办公桌要拼齐还要费一番努力。在这样的条件下，竟然有人提出，要办一座道学院！而且就开在已经挤得不能再挤的白云观中！

　　其实，这一半得之于提出者的远见卓识，但大半还是形势所迫。

　　原来，中国的传统宗教佛道两教，素来以寺院宫观，或者以法师、道长个人的名义招收徒弟，以维持香火。在封建时代，因为皇朝的税务考量，还常规定可以出家的名额。道士中的正一派，可以有家室，受的限制稍轻，但，度牒的控制仍然很严。民国时期，受到新式学校的影响，佛教界中有人开始僧伽制度改革，办了些新式的佛学院，而道教中虽有人呼吁其事，却未能真正实现。新中国成立之后，由于社会变革及意识形态等方面的原因，入释入道者越来越少，及"文化大革命"浩劫期间，法师、道长被迫还俗的还俗，转业的转业，他们自身都难保，收徒授业更无从谈起。改革开放之后，道教恢复活动，道士们对眼相看，尽是两鬓白发人，有个别二毛之人，已算少见了！笔者在1985年进入苏州玄妙观，值殿的薛道长告诉笔者，他原是柳水神庙的小道士，也是最后一个管庙的道士。一问他年纪，竟然正好是60岁。这类情况当时是普遍的现象。整个上海道教界，竟然找不到一个40岁以下的道长，道教界当中整整空缺了一代人。而且，随着宗教政策逐步落实，原有的宫观也慢慢地恢复开放，由于人手奇缺，常常要找个管庙的人都难。

严峻的现实，让道教界的有识之士感到了空前的危机。若是这种人才青黄不接的状态再继续下去，别说发展，过上十年二十年，道教不灭也灭了。改变人才青黄不接的现状，是当时非常紧迫的头等大事。

那么，怎样来解决这个问题呢？

办法有两个，一是继续原来的个别师徒授受的方式，拜师学道；二是像大多数世界性宗教一样，建立自己的院校。权衡再三，上海道协的领导决定采用后一种方法，兴办学院，同时在学员稍有所成后，再让他们确定哪位老道长，拜师学艺。这就是因陋就简，在小小的白云观里办学的缘由。

1986年，先后从江苏海安、句容、如皋等县以及上海本市郊县招来了31名学生。3月，正式入住海上白云观，名符其实地成了道教专业学校的学生。上海道教界第一次办起了自己培养人才的专职学院。刚开始时，这所学校称为"道学班"，1994年，经过上海市教育局批准，正式更名为上海道学院。不过那已经是在第二批学员入学前夕了。

❂ 狭窄空间里的丰富生活

道学班的教学计划除设语文、历史、书法、英语及时政课外，就是学习道教知识，如教义、仪范、唱赞、经忏、道乐等基础课程。在三年学习期间，头两年侧重于课堂教学，每周六把学生分成两组，轮流在两所道观实习。第三年，教学重点转到殿堂上来，在道观里进行斋醮及管理等活动，培养学生独立进行宗教活动和管理的能力。同时，上海道协还经常组织学生外出参观、访问，以开阔学生眼界。为培养学生的综合修养，道学班还举办了一个"丝竹"小乐队，每周一、周四晚上是音乐专业课，它以道教音乐为主，"丝竹"音乐为辅，硬是把一群不懂音乐的人组织培养成了一个具有道教特色的小乐队，并且经常外出观看音乐演奏会，还参加了嘉定长征乡举办的民族音乐演出等。学员经过两年的学习，懂得了道教基本知识，提高了文化素养，并能在实践中初步运用所学的知识。有的学员刚入学时经常写错别字，现在已经能写短篇文章，在《中国道教》杂志上发表。过去他们中间大部分人不通书画，经过学习，有些人能绘画，有的已经能写一手好字。

　　当时，道教界才恢复活动不久，不仅物力有限，更严重的是师资极度缺乏。大量的文化课，如道教史、道教与中国文化一类的专业课，教内都找不出一个能够承担的。当时不知谁向陈莲笙等道协领导建议，借用上海高校、社科院的力量，聘那些单位的学人来上课。陈莲笙素来与学术界有着良好的关系，他采纳这一意见后，开始或自己出面，或委托助手出面，谦辞联系了一部分教师，其中包括上海社会科学院宗教所的陈耀庭，上海教育学院的刘仲宇，上海音乐学院民乐专业的老师，以及社会上对音乐主要是江南丝竹有造诣的老师等。其他一些课程，则分别由道门人士龚老先生教书法，每天的早晚功课则由陈老道长和其他老道长带领——这也是一种教学，除了对科仪的初步了解，更重要的还在于养成学员良好的宗教生活习惯。而类似于寻常学校的体育课，则由白云观的老当家吕宗安教武术。依靠这些师资，便有了办学的基本前提。

　　同时陈莲笙道长还亲自授课，将他多年来从事道教工作的宝贵经验、科仪理论、道教知识以及对教理教义的独特见解，都毫无保留地传授出来。因为他深深地感到，几千年来的道教历史说明，道教的发展同道教人才的涌现、道教徒素质的提高有密切的关系。自魏晋南北朝至唐宋金元时期，道教兴盛的主要原因就是这个时期的道教人才辈出，连绵不断。可是，清代以来，道教出现了衰势，其中一个重要的原因是缺乏人才，教徒的素质低。他还常说，道由人显，道教的存在归根结底是依靠道教徒的存在，道教的发展也取决于道教徒素质的提高、道教人才的多寡。

在极端困难的条件下办起的这个学院，却办得有声有色。一大群年轻人进入白云观，给这座古观注入了生气。课间休息时，天井成了他们唯一的活动场所。他们嬉笑玩耍的声音，是白云观数十年未见的场景。

在简陋至极的条件下兴办的上海道学院，不仅是培养新的接班人的场所，而且还是当时的上海道教界接待国内外道教界著名人士，特别是教内外著名学者的场所。许多国际知名的专家，都怀着极大的兴趣参观过道学院，有的还顺便举办讲座，这使得学员们大大地开阔了眼界。比如国际著名的道教研究专家法国的施博尔教授，澳大利亚的华人教授柳存仁，四川大学教授、

◎ 著名道教专家施博尔参观白云观

我国道教研究的泰斗卿希泰教授等,都来过白云观内的道学院。

说到外地的学者来访,还有一件趣事。一次,时任陕西省道协会长的任法融道长经过上海,道学院借此良机,请他为道学院的学员和一部分在职的道众讲一次课,内容就是大家都在研读的《道德经》。任道长学问渊博,尤对《道德经》、《易经》和《阴符经》体会精深。上海道学院选用的《道德经》教材,便是他的注本。但是,上海的道众,都讲上海话,连科仪的唱赞念白也是一口上海腔。而学员们多来自江苏的句容地区和南通的海安等县,当时跟着师父们学科仪,多少学了半拉子上海话。而任道长老家在甘肃省的天水,乡音未改,他讲的话,恐怕上海人与江苏人未必能懂。这可急坏了道协的领导。商量的结果,是让陈耀庭和刘仲宇担任翻译。理由是他们二人与任道长曾有过接触,而且刘仲宇担任过《道德经》的教学。那天,白云观老君堂中济济一堂,大家端坐着听任道长的宏论。他说一段,陈、刘便翻一段。陈翻他的开场白,待开始讲《道德经》正文,便说:"小刘,轮到侬啦。"于是刘仲宇开始翻译。说实在话,对任会长乡音,这二人听懂的也就一小半,幸好研读过他的几本书,话听不大懂,意思却能猜个七八分。中国道长授课,却要用翻译,倒也是一件有趣的事,陈、刘二人多年后还记得这一幕,拿这事儿逗乐。中国地大物博,区域文化千差万别,亏了当年秦始皇来了个"车同轨,书同文",千种方言可以用同一文字沟通,不然不知要增添多少麻烦。有了任道长的书,便帮了大家一个大忙。

1994年9月,上海道学班正式更名为上海道学院,陈莲笙道长出任院长,为上海道教进一步培养高层次人才奠定了坚实的基础。以后,又招收了第三届学员,从第一届(当时名道学班)至第三届,总共培养了七十余名毕业生。从上海道学院走出来的学生,都相继走上了工作岗位,充实到上海市道教协会及市内各个宫观,成为职业道士,为上海道教的振兴和发展作出了贡献。

陈莲笙当时已是70岁的老人,为了办学,付出的心血之多,很难计量。除了上面提到的,更多的精力和心血,还是倾注在对学员的教育和管理上。他在学员面前,既是一位严师,更是一位慈祥的老长辈。因为,他从心底里喜欢这批十五六岁到二十几岁不等的小孩子。陈道长和道学班学生之间是一种亲如父子的感情。现在已经走上上海道教各个领导和工作岗位的道学院的毕业生们，谈及陈道长当年在道学班投入的热情以及对他们的关照都激动不已，却又带着一丝丝的羞涩，就仿佛是儿子回忆父亲对自己儿时的关爱一般，有点陶醉，又有点为自己当年的顽皮无知而略显不好意思。有位周道长，是第一届的学生，1986年入学，后来也一直追随陈道长做事。他讲起当年的学习和生活，总是很兴奋，说到激动处或者兴头上就普通话和上海话夹杂着，其中透露出来的他对于陈道长的亲近和爱戴是显而易见的。他很坦率地说："其实我也不知道说什么，因为在我们学习的三年中，陈道长和我们吃在一起，住在一起，所以太熟悉了，以至于对于当时他对我们的关怀都忽略了，觉得很稀松平常了。但是现在想起来，他对我们真是如同父亲对待儿子一样啊。"其实很多时候子女都很少觉察到父母的爱和关怀，似乎认为父母爱子女关怀子女是天经地义的，自自然然的。但是那些关怀总是会在以后的生命长河之中，慢慢堆积，并且融为一股暖流，温暖着我们的心田。

对于第一届道学班的学员，陈道长投入了极多的感情，他的希望和他的宏愿都寄托在这些正值青年的生机勃勃的学员身上，这也就决定了他对于他们的严厉。"那个时候，"周道长笑着说道，"我们还年轻啊，所以我们会贪玩，有的时候出去时间超过假条时间都会被陈道长叫到办公室去批评。""而且陈道长特别强调做道士就要有个道士的样子。因此对道袍、道帽以及平时的坐立行走都做了很严格的规定。当时我们还不服气，现在想来也多亏他对于我们的严格啊，如果没有那个时候的严格管理，我们在道教知识的掌握和道教修为上绝对是徒有虚名的。"陈道长有没有对他们发过火呢？周道长说，作为一个修道之人，陈道长本来就心性平淡，性情上不会有太大波动，陈道长遇事都是淡然处之，绝对不会大喜大悲，更不会愤怒了。也就是有时候见我们不学习了，或者做错事了才会严厉地批评我们，但那也不是发怒啊。

李纪道长是第三届道学院的学生。他说起当初在道学院的生活和学习

情况的时候,很兴奋:"啊,那个时候的生活啊,虽然过去了好多年,但仍仿佛就是昨天的事情呢。当时我的宿舍就在陈道长隔壁,所以平时有空陈道长就会去我宿舍看看我们在干什么,如果我们在练习乐器,就会指导我们。如果看见我们没有学习而是在玩的话,就会把我们宿舍的人都叫去练习科仪。那时候夏天天热,陈道长的房间里有空调,他看见我们学员们满头大汗,就心疼地叫我们去他房间里凉快凉快。冬天天冷的时候,因为当时学院的洗澡还不很方便,陈道长房间可以洗澡,他就让我们学员去他房间里面洗澡。这些点点滴滴的事情,都让学员们记忆犹新。"

在第一届学员的毕业典礼上,当时任中国道教协会副秘书长的黄信阳道长曾发表讲话,充分肯定了上海办学的成果。他说:"三年来,上海道协办学宗旨是正确的,成绩是显著的,为我们和地方道教组织因地制宜培养自己所需要的道教人才,做出了榜样。也为我们中国道教协会创办道教学院提供了可作借鉴的经验。"

在三届学生毕业并分别走上工作岗位后,又举办过一个提高班,全班学员来自原上海道学院毕业的一、二、三届毕业生,经考试合格后择优录取。在毕业典礼上,中国道协张继禹副会长对上海道协在培养道教人才方面的创新给予了充分肯定,并要求全体学员一定要继承老一辈道长们爱国爱教的光荣传统,不断学习,要把今天的毕业看作是又一个更高层次的学习新起点。用自己的知识正确理解学道、修道、悟道之间的关系,培养自己的悟道水平,弘扬道教的优良文化,发挥道教的积极作用,为社会进步作贡献。

在小小的白云观中,居然容纳了这么一个道学院,已经是奇迹,而这一学院,在这里竟然存在了近二十年,更是让人惊叹。近二十年中,这里走出了一届又一届的学员。他们现在都已成为上海道协和各大宫观的骨干。现任中国道教协会的副会长丁常云,便是道学院第一届的学员,上海市道协的会长、副会长,除了专请的戴敦邦先生,全都是第一届的学员,全市副秘书长以上的骨干,也无一不是一、二、三届的学员。白云观里的道学院,是名符其实的上海道教界人才的摇篮。

《上海道教》十六年

在白云观西林后路旧址，小小的楼上，有一间办公室，里边竟然藏着一个刊物的编辑部。这刊物叫作《上海道教》，在这里已经整整办了十六年。它是上海道教协会主办的刊物，但在白云观地盘上创办、坚持和发展，无疑也给白云观增添了文化含金量。

从无到有

《上海道教》创刊于1988年，是改革开放以后我国省市道教界较早创办的学术刊物之一。其实，在上海道教的发展史上，曾经有过兴办刊物的先行者。

那是在民国时期，地处当时的城中近老西门处的翼化堂善书局，先后出版了《扬善半月刊》和《仙道月报》。这两种刊物也便成为道教近代刊物的遗存。但是，处于上海这一东西文化交汇之区的学人，不能不受到陈先生等先行者的启示，在新的历史条件下，再次激发起兴办自己刊物的冲动。

而这次首创者，是上海市道教协会的副会长潘雨廷先生。

潘雨廷先生是著名的道教学者，《易》学专家，别号观玩客。1949年毕业于圣约翰大学教育系。后师从周孝怀、熊十力等，潜心研究中国传统文化，20世纪70年代初，开始从事道教文化研究。他对中华学术中的《周易》和道教，有极深入的体验和心得，撰写了大量道教史和道教文化等方面的论著。

道映申江：海上白云观

  他本来不是道士，当时只在华东师范大学的古籍研究所供职。1983年，上海道协在筹办了26年之后，真的要成立了，当时，不知是哪一位领导还是道长，提议在未来的道协领导班子中增加学术界人士，以提高上海道教的文化素质。那时，便选中了潘先生。因为他是少数读过《道藏》的人。潘先生也愿意为弘扬道教文化出一把力。当时，他与任上海道教协会副会长兼秘书长的陈莲笙道长商议，成立市道协的文化研究室。

  1987年，在陈莲笙道长和潘雨廷先生的共同努力下，上海道教协会文化研究室正式成立，由潘雨廷先生出任研究室主任一职。同时聘请了教内外的著名学者和道长担任日常的研究工作，充实研究室的学术力量。

  与此同时，潘先生也在考虑筹建一份刊物。他曾反复说，一个研究室必须有一个自己的刊物。他的这一想法，获得了道协其他领导的支持。于是他们决定尽快把上海道教自己的专刊搞出来。但这个刊物究竟该如何定位，究竟是搞成一本理论性的学术刊物还是普通的介绍道教文化的读物，这是一个难题。对此，反复地讨论过，也征求了文史专家胡道静老先生的意见。当时有人提出，刊物叫《太极》较好，符合道教的教义，潘先生作为《易》学专家，则认为"无极"比太极更好，太极是从无极来的，而《老子》提倡的是"复归于无极"。这些讨论，实际上都涉及未来刊物的定位。

  最后，此刊定名为《上海道教》，那是综合了各种意见、考虑到上海道教界的实际情况所定下的名称。这一名称也突出了上海道教协会作为主办方的特征。

  1988年初，成立了由六个人组成的编辑部筹备办刊事宜。这六人的组成，除了潘先生，还有老编审杨友仁先生，又定下了林其锬、刘仲宇等人。同时，道教协会又定下常务理事张源勋参与其事。还有另外一位，总共是六个人，开始了刊物的筹备。这六个人，杨先生来自出版社，林其锬来自上海社会科学院，刘仲宇则来自上海教育学院，另有一位来自于华东师范大学，都是当时的上海学术界人士。道协的常务理事张源勋，来自道教世家，系著名的道观保安司徒庙（俗称虹庙，或又写作红庙）张维新的三儿子。他圣约翰大学毕业，当时在中国纺织大学任教，所以也是一位文化人。

◎ 编辑部同仁与来访学者合影

这样的人员组成,保证了刊物的书卷气,在内容的把握和文字的功力上都较为理想。

1988年,由上海市道教协会主办的《上海道教》正式创刊。它以弘扬爱国主义思想、研究中国道教文化、继承道教优良传统、沟通道教信众之间以及道教界与学术界的联系为宗旨,设立了《道教论坛》《道教史研究》《道教人物》《名山宫观》《道教知识》《道教徒修养》《道教文化》《信息交流》《气功丹法》《养生保健》《港台和海外道教介绍》等栏目,融

◎《上海道教》创刊号

学术性、知识性、艺术性、趣味性、健身性为一体，成为一本具有学术性、文献性、艺术性、健身性和导游性的综合性刊物。这些栏目，是当时委托刘仲宇起初稿，编辑部集体讨论确定的。因为刘仲宇是道教研究的学者，编辑部的同仁又基本上都是学界人士，所以未免学术性较为突出。不过，其中也有一些在当时是较为大胆的设计，比如科仪、法术等，当时便很少有人敢于涉足。

☯ 白云观二楼的编辑部

创刊后的《上海道教》紧紧围绕其办刊宗旨，在积极宣传党的宗教信仰自由政策、弘扬道教文化、指导道教工作、交流经验、提供信息等诸多方面做了大量工作，发挥了一定的积极作用，得到上海市宗教局领导和市道教协会领导的好评，也得到海内外专家学者和兄弟省市道教界的好评。

《上海道教》正式出版后，即选定白云观二楼，辟出一间房子作为自己的编辑部。这一间小房子，面对道协的办公室，而与道学院教务办公室相邻，倒也是文化同行的象征。房子虽小，平常开编务会议、接待作者、校对清样，却都在这里完成。

由于编辑部同人的团结与努力，初创的《上海道教》总的来说编务较为顺利，但是也曾遇到一次特殊的考验，几乎濒于停刊。

原来，当时的上海道教协会本身经济上有些困难，一时之间，办刊所需的款项无法划拨。

面对这一无法改变的事实，编辑部全体人员十分懊丧。要知道，编辑们可以丝毫不拿津贴，尽些义务，但是刊物要印刷，要发行，印刷费和邮寄费可不能不出。若是断了财源，也就是断了刊物的生机。正在大家忧心忡忡的时候，却出现了一个转机：有一位道长挺身而出，愿意伸出援手。

这位道长叫张文希，当时任上海市道教协会的副会长，上海浦东钦赐仰殿的当家。张道长热心于道教事业，改革开放之初，他带领道众恢复钦赐仰殿，付出了艰辛的劳动，甚至一定程度上还是冒着风险在做事。当眼看新创的刊物难以为继时，他动了真感情，急了。他不仅急在心里，而且马上付诸行动：当时他表示，只要刊物正常办下去，愿意紧急先从钦赐仰殿调两万元，以解决燃眉之急！

靠了张道长的大力支持，《上海道教》才继续生存了下来。只是囿于条件，在随后的两年中由季刊改为半年刊，直到1991年，才恢复为季刊。有了这次经历，编辑部同仁们更加感到事业之艰辛，同时也在艰苦的支撑中加深了友谊，增添了对自己所创办的刊物的感情。尽管编辑中有大半不是道教中人，但对于这份《上海道教》，却都视为自己的亲孩子那样，十分珍爱。潘先生仙逝于主编任上，可谓毕生为之奋斗，杨友仁先生本来动过手术，腹部还挂着一个"球"——专门的治疗仪，然而他不仅每次编辑会议都来参加，而且还担任着副主编的职责，做着刊物二审的工作。在编辑部时间最长的要算林其锬和刘仲宇，二人一直在编辑部干了20年之久，直到《上海道教》创刊20年时，才一起退下来。

就这样，一批业余的编辑，在上海白云观二楼那一小小的房间里，坚持着耕耘，将这样一个没有公开刊号只有内部准印号的刊物按时按期编辑、出刊，而且取得了相当的学术和社会影响。他们在海上白云观一干就是16年。16年，对于历史来说不过短短一瞬，但对于个人来说却也不能算短。——须知，一个人从进入托儿所到幼儿园，再进小学入中学，直到大学毕业，也只有15年！

○ 上海道教界的文化象征

上海道教在历史上没有非常出名的道士或者道教思想家，也没有如茅山或者龙虎山那样的名山宫观，要怎么样办出上海道教的特色，让上海道教有自己的优势呢？《上海道教》与上海道教学院这两项成果，是上海道教协会成立以来，最重要的文化成就，而《上海道教》在一定程度上还是

上海道教界的文化象征。

　　上海道教虽然如前面所说，没有非常出名的高道，但是《上海道教》的创办，却为其文化与人才的发展，搭建起了平台。在编辑部同仁的努力下，不仅将刊物按质按时推出，而且通过这一刊物，还团结了上海滩上研究道教的学术队伍，也建立起了与国内外学术界的联系。在这份刊物上，先后曾约到了卿希泰等名家的大作，更多则挖掘了道教界的学人尤其是青年学人。比如现任中国道教协会副会长的张继禹，现任中道协副秘书长、北京东岳庙的住持袁志鸿，都曾是刊物经常性的作者。

　　在创刊十五周年前夕，有人专门写了调查报告《道教自办媒体的成功范例——十四年来的〈上海道教〉》，称赞说："《上海道教》创刊于1988年，至今已有十四年了。《上海道教》伴随着上海道教界前进的步伐，紧紧围绕办刊宗旨，积极宣传党的宗教信仰自由政策，弘扬道教文化。十四年来，《上海道教》在全国同类刊物中赢得了声誉，可谓道教界自办媒体的成功范例。"这14年，正是在白云观二楼的办公室里度过的。可以说，白云观的一方宝地，养育了《上海道教》，窄窄的办公室，正是一个文化生态场，滋润着上海地区道教文化的生长。

　　历经多年经营，《上海道教》已经成为上海道教界的名片，成为外人了解上海道教文化必不可少的书刊。

科范传不绝
特色常保存

　　上海白云观，是上海的一个有代表性的宫观，前面已经加以介绍。因为在现存的宫观中，它是最早成为全真道十方丛林的。尽管到世纪之交时，观中的全真道士，基本上都已羽化登真，曾经在观中任过职、后来又云游到别处的全真道士，也已退养家居。但人们提到上海的全真宫观，还是会想到白云观。上海白云观的另一个代表性的特征，表现在它的科仪上。

　　目前上海白云观的科仪，属于正一科仪，但其中也有若干当年全真与正一都举行的，比如《斗姥炼度科》，我们见到的抄本，就是出于民国年间白云观道士之手，而当时正是典型的全真宫观。进入白云观参访游览，他们的科仪不可不看。尽管一般的游客对于科仪并不太了解，也不求甚解，但作为进庙的游览，不能不包括采风，而进宫观采风，又不能不观赏其科仪。

　　为了让大家了解白云观的科仪，先要拓开一步，先一般地说一下上海的道教科仪。

白云观采风的必具内容

我们说,进入白云观,若是正合道缘,其中正举行科仪,那么是一个极好的参访和采风的机会。机不可失,时不再来,一定及时驻足,观览一番。

为什么呢?

一个宫观,最基本的活动,除了寻常的管理殿堂、引导信众正确拜神,恐怕就是举行仪式了。仪式是宗教的基本要素,不单是道教,其他的宗教也有自己的仪式,比如基督教的礼拜,天主教的望弥撒,伊斯兰教的主麻,佛教的拜忏,等等。而道教的仪式,又有鲜明的自身特点。自从上古起,中国人在敬天、祭祖以及供奉各类神灵、向神灵祈祷、祛除邪精等方面,

◎ 斗姥炼封面

形成了丰富的仪式。这些仪式大量地被道教所继承并发展，所以道教的仪式有非常显明的中国特色。

所谓科仪，即是寻常说的仪式，仪是行为的特定样式，平时讲的仪态、仪容，都是"仪"字的延伸或者题中应有之义。因为处在特定的社会环境中，人们的行为样式都有一些约定俗成的成分，违反了，就会受到别人的批评、嘲笑，别人看着就不舒服。比如，中国传统的行为规范，子女对老人要敬重，而表现在日常生活的行为中，就有"出必告，入必面"的守则：出门离开时要向父母告诉一声，回来时要与父母见一见面，表示自己已经平安回家。一个孩子想走就走，想回就回，不与父母沟通，那是眼中没有父母的表现，于孝行有些亏欠，邻居看在眼里，不免会说这家人没家教。又如吃饭，当众大嚼，发出聒耳之声，旁人便因之不愉快，同餐时恐怕食难下咽。父母如果看到了，就是会骂孩子："你是猪呀！"话有些难听，却是纠正孩子不适当的行为规范。此类行为的样式，本来很平常也很简单，却是人在社会化中必须学会、必须遵守的。这里讲的是最简单的"仪"，却是每一时代的人必须学会的，否则会被看作粗鄙没有教养，与文明的标准背道而驰。当然，这类"仪"是变化的，而且其标准也有很突出的民族文化特点。一个中东的客人，为了感谢主人的款待，会打上几个饱嗝以示意吃得满意，如果我们不知道那里的文化习俗，一定觉得别扭。日常的仪态规范，还不是那么严格，若是在社会上面对尊者，面对弱者，也都有起码的行为规范，这就是社会交往中的礼仪。比如请一位贵客，主人却大大咧咧地坐在最尊处，便会遭受非议；学生见了老师，称兄道弟，会被认为不懂师道。古代最严格的行为规范，表现在官场，对着皇帝，三跪九叩，下级对着上级，恭恭敬敬，甚至于战战兢兢。现代社会倡导民主，原来等级森严的行为规范已经大为变样，但起码的礼仪也还是要的。这些仪，在世俗生活中都不可免，在对待上帝和其他神道时，就更加讲究了。对神的礼拜、祈求有严格的规范，最主要的是尽可能地表达其神圣性，相对应的就是本人的崇敬与感恩。在社会生活中的各类礼节、行为仪态，同样表现在神的世界。孔夫子说"祭如在，祭神如神在"，就是希望进入祭神的仪式时，在内心要唤起最大的虔诚与敬畏。所以在对待神明的问题上，其行为的规矩更多更严格，礼仪中的这种严格的规范，即称为"范"，又称为"科"。范和科都指行为的程式有严格的规定。范，本来指铸造青铜器的模型，事先做好一个或一组模型，叫作型范，再将化成的青铜汁水浇灌下去，冷后便成器形。这一"范"引申到人的思想和社会领域，便指思维的范式、行为的规矩、道德的楷模，于是有范畴、模范、范围等词语衍生。科，在古代原指法律规定，而引申指一套行为的固定程式、规定。宗教中的祭祀、礼拜、皈依、祈祷等行为，都有确定的程式，在程式中每一固定的环节，都有特殊的不能违反的规定，便被称为"科"。中国传统仪式中的所谓科，即是编定了的各类行为的固定的规范、程式。这一称呼在道教中沿用已久，后来元杂剧中表演的某一段程式，也称为"科"，也许就是受到道教仪式的影响。总而言之，科仪、仪范、科范一类称呼，都指道教的仪式。而举行仪式，是道教徒基本的宗教活动，也是道教为信众、社会提供宗教服务的主要方式。

　　道教的仪式，是在中国人生活的社会和历史中产生和演变的。它继承了中国古代的各类礼仪，比如在行礼方式上，常用跪拜礼，对着三清四御等高级神仙，自称为"臣"，都是那时代日常对祖先和上帝的礼仪方式，烧香礼则是古代"柴"、"燎"等方式的改进。尤其是古代祭天祭祖等宗教礼仪，几乎都被道士吸收。所不同的是，道教的仪式，有自己的教义思想为指南，有自己的神仙谱系为确定的对象。封建时代，皇帝祭祀的最高对象为昊天上帝，而道教则以太清（太上老君道德天尊、上清太上大道君灵宝天尊和玉清元始天尊，合称三清）为最高的主神，而相当于昊天上帝的玉皇大帝，则位在三清之下。据道书《高上玉皇本行集经》记载，玉帝最初还是由太上大道君将一个婴儿送与宝月光皇后托胎所生，经过亿劫坚持不懈的修行，才证位玉帝。所以，观看道教的仪式，在某种程度上，也是对中国文化传统的体验。

　　随着不同道派的先后建立，道教的仪式也呈现出多样性的特点。在近两千年的演变中，显示出千姿百态缤纷杂陈的面貌。上海白云观地处海滨，正是古代东吴之地，文化品位较高，表现上较为细腻温润，具有明显的吴文化特征。同时，它又从全真丛林转为正一道观，科仪上两派兼具，又有相对包容的特点。

对于大部分游客而言，来到白云观，不是专门来研究科仪。他们主要是抱着好奇的心态，来观看科仪。在悠扬的音乐中举行的科仪，对他们来说，主要是采风的对象、观赏的对象。因为从科仪中可以看到世风人情，当然可以列入采风活动，而科仪的特殊的表演性，又足以让人鉴其表演赏其技艺。

道映申江：海上白云观

怎样鉴赏白云观的科仪

◎ 弄明白海上白云观科仪的特质

海上白云观的科仪是正一道教科仪，在上海这一地域中长期流传，所以又带有特定的地域特点。所以说要明白海上白云观科仪的特质，也就是要在确定其为正一科仪的前提下，弄明白海上白云观科仪的地域与帮派特点。

海上白云观目前的科仪，大部分是正一派的，也有一些是正一与全真共行的。总的特点，可以说，它们是上海城帮科仪的代表。

所谓城帮，是怎么回事呢？

原来，上海科仪分"帮"，是近代历史上形成的。

近代的上海，从鸦片战争之后，逐步形成半殖民地的格局。在经济上，上海变成了近代工业化起步最早的城市，需要大量的劳动力，所以周边的民众纷纷涌入上海。另一方面，由于半封建半殖民地的社会急剧变化，军阀混战，民生凋敝，农村加快了破产的历程，大批破产农民不得不进入城市寻找工作。这一进程本来就以十分严酷的方式进行着，而抗日战争时期，上海一度成为"孤岛"，周边的民众为躲避战乱纷纷逃进上海，更加速了这一进程。周边民众进入上海，多数是为了生存，而他们来后又常采取亲帮亲、邻带邻的方式，带进更多的同乡。所以在当时的上海，常可看到各地区的乡邻相对集中居住的情况，苏北的盐城、扬州，苏南的常州、无锡，浙江的宁波、绍兴，以及湖北、安徽等地人都有集中居住的区域。来自同一乡土的人们，即使住得稍远，也常是主要的社交圈，因此，他们是大上海中的小同乡群体。随着各地居民进入上海，相应地，宗教人员也都随之而入，苏北的和尚，各地的道士，都可以在上海滩上觅得立足之地。而他们服务的对象，较多地集中于乡邻群体。这样便在同一个大上海，形成了服务对象各自相对固定、行法风格各不相同的道士群体。当时便称为不同的道士"帮"。宁绍帮，主要为来沪的宁波、绍兴人服务，无锡帮主要为来沪的无锡人服务，常熟帮则为常熟人服务，等等。这些帮，都是客帮，当年的客帮达到十多个。与客帮相对应的是本帮，即上海本地道士。客帮作为外来的道士，一般没有宫观的依托，而是开些"道院"。道院平时并不开放给信众烧香，只是接待东家，若是哪一家需要用道士做仪式，则由道院派人前往。本帮道士有的有自己的宫观，也有的散居于民间，被称为散居道士，因为道士们平时不一定固定于哪一庙，而是有仪式时，听班首的招呼，搭班前往，所以又被称为"呼应道士"，或"赴应道士"，也写成"敷应道士"。各帮道士都有自己相对固定的客户，举行仪式的风格也不尽相同。不过，同在大上海落脚谋生，相互也有交流。1947年，六十三代天师张恩溥在上海主持罗天大醮，十坛法事实由十个不同的帮派各自举办，而最后还评选出第一二三名。据常熟帮道士的后人陈其其先生回忆，当时常熟帮道士的法事被评为第一。与客帮相对的本帮，即上海本地的道士，又分为浦东帮与城帮。城帮道士就是原在上海城内的道士。当年的上海特别小，实际上比现今的市中心区还要小，基本上分布在黄浦江、苏州河两侧。上海城又分浦东和浦西，浦东道士与严格的城帮道士还有所区别，所以本帮也分为浦东、城内等不同的"帮"。

海上白云观原处于离旧城不远的区域，其科仪风格应属城帮。但作为全真道观，还有些自己独有的科仪。比如全真早晚功课上殿时要用"十方韵"，即全国全真道派共用的使用北方话的韵腔。改革开放以后，白云观恢复，但原有的全真道士，早已四散，很难搭起一个纯全真的仪式班子。而且20世纪80年代中期起，白云观中办起了上海道学院，新招来的学员都是未来的道士，他们在读书的同时，还要参加早晚功课，即早晚都要上殿念经，而念经便要求有吟唱的经韵，这便是最简单的仪式了。学员又有专门的仪式课程，主要是跟着老道长学习相关的科仪。当时在白云观主持、

◎ 朱掌福（右）

教学科仪的，基本上是原来的城帮道士。比如当时的著名高功朱掌福，便是非常典型的城帮出身。这朱道长身材高大，嗓音高亢清亮，具备做一个高功理想的条件。他学道多年，熟悉城帮道士的科仪套路。在白云观恢复之后不久，上海市道教协会即落户于此，几年后上海道学院也于此举办，当时道教的科仪，基本上以城帮风格为主。当时的小道长，学的就是城帮的行法风格。这样，白云观的科仪，在20世纪80年代中期之后，所行的风格就是上海城帮做派。当时的小道长多数来自于江苏句容和南通地区的海安，跟着师父们唱念，也便学会了上海话。

这一帮的科仪特点在于坛场的布置讲究排场，用色相对较为鲜明。适应当年上海城区的文化氛围，动作较为优雅，而反对"武相"、"粗相"。科仪伴奏的音乐与江南丝竹有着非常相近的风格，悠扬细腻，极富韵味。

海上白云观科仪的艺术成就

道教的科仪，有很强的艺术性和表演能力。所以观看一场科仪，除了一些专业的人士之外，大多数人还是看热闹：大家要求仪式举办得"好看"，有感染力，而且要让大家看懂。所以进入白云观，碰上正好举行科仪，也是一个很好的艺术欣赏的机会。

科仪的表演性，在城帮道士中本来就很强调，而在重新恢复起来之后，遇到了新一代的信众，更喜欢生动的表演。有人称现今的时代是读图时代，什么都要尽可能地直观：交通标志要直观，电脑上的操作说明要直观，整个电视就是主要靠眼和耳的表演，无所不在的广告更是凭画面的变幻说话。单纯的声音说明，较为艰深的文字解说，都不怎么吸引人，人的理解能力也有一定程度的降低。这样的时代，道教科仪不能不进一步突出其表演才干。

观看白云观的科仪，单是看其坛场布置，就是一种艺术享受。在这一布置中，不仅表现出神圣的一面，也尽可能地发挥了艺术上的专长。比如在破狱科仪中，法师用米绘出九幽地狱之形。彩色的米，标出了四面八方和中央地狱的形态，将只在人们头脑中模模糊糊的地狱概念，变得清晰，原来在冥间不可见的地狱变得可以见到，而且看着法师在科仪中围着坛场的转动，以及最后用剑挑开地狱，让人直观地"看到"了九幽地狱被"破"的过程，从而理解了法师做了些什么，按照宗教理念，法师完成了什么。

为了形象，具备观赏性，白云观与上海的许多科仪一样，都要像上面提到的九幽地狱图那样，做出能观能见的形象。"度仙桥"科仪，原意是通过法师的行法之后，让亡灵通过仙桥通往天界，至少是超出幽冥。那仙界的桥，可不能轻易见到。所以在某些科仪中，法师用手掐个"金桥诀"加以表示。这一表示方法，当然在道教的教义中有充分的力量：按照法术理论，诀具有极为巨大的力量，能够由之改变外物的存在方式和变化趋势。不过在一般的信众看来，却是有些不易弄明白。上海的度仙桥科仪中，便要先建一座小小的木头桥梁，让人一眼就明白"仙桥"是怎么回事。

当然，科仪是一个规范的行动的模式、程式，它们本质上是一个历时的演示过程。通过唱、念、手诀、踏罡步斗等形体动作，串联起了整个科仪，这是整体表演，而每一环节，都尽可能形象化，则是细节表演。整体表演与细节表演是相互支撑相互演示的。上海地区道观中常行的《金箓分灯卷帘科仪》中卷帘一节，指三清圣真面前珠帘卷起，接受朝谒，实际上就是在坛场上由高功法师演示"完成"的。从这一环节看，犹如戏剧中的虚拟表演，步步展示，层层深入，旁观者则可以"看"懂其内涵。且看其演示过程：

先由高功捻香，都讲口宣："志心初抬上香！"副手接宣："大罗元始天尊！珠帘卷起一分！"知引上前做卷帘状。都讲随唱："珠帘卷起一分已完！"道众随即颂经句"元始开图"云云。都讲接着宣《玉清乐》，众唱道："玉清乐，玉清圣境异诸天，玉清乐。帝君天上接虚空，玉清乐。万象森罗遍八区，玉清乐。"接下来，称玉宸灵宝天尊，珠帘卷起二分；称大圣道德天尊，珠帘卷起三分。科仪程式一如前述。显然，这种载歌载舞配合以虚拟动作的方式，演示了珠帘被"卷起"的过程，是人人都可看懂的。

白云观的科仪，与其他道教科仪一样，都有音乐伴奏。关于道教音乐

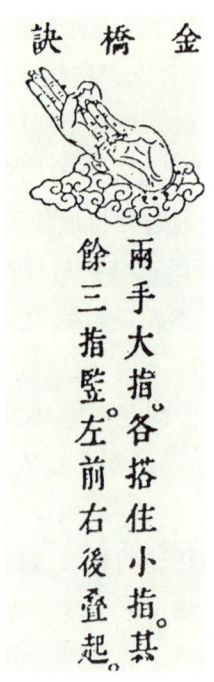

◎ 金桥诀

的来历和功能，不是我们这本书深入讨论的对象，我们只从艺术鉴赏的角度，说一说其在科仪中的作用。一般说，科仪中的音乐，一在表现科仪中的情节，二在调节坛场上道众和周围来看科仪的信众的情绪。道教音乐的这种情绪调控和情节表现的能力，在法术仪式的进行中起着极重要的作用。它是渲染气氛、使旁观者"看懂"法术的重要因素。譬如上海地区凡道众入坛，奏《迎仙客》——仅看曲名，已知其曲的古雅而热烈，表现了此时道众正由凡而仙，身份与入坛之前迥然有别。在进表科仪中，献供时，用吹打乐《献花偈》伴奏，全曲气氛热烈，营造着热情诚挚的氛围。

当然，真要弄明白科仪的内容，还得稍稍了解白云观科仪的宗教和社会内涵。科仪是宗教行为，当然有非常明确的宗教内涵。白云观的科仪，作为上海道教有代表性的仪式，第一就是宗教性、神圣性。它们是在道教教义思想的指导下编制的，与对大道和神仙的信仰连为一体。道教是中国文化的重要组成部分，看起来高高在九霄云外的道教信仰世界，其实是现实生活的投影。道教的科仪不仅表达着信仰的虔诚，同样也反映了一时一地的社情民心。只是这些内容，与专业有关的人士会比较关心，而一般的信众，恐怕就没有太大的深入了解的兴趣了，更何况一般的游客呢，所以我们在这方面也就不多说了。

常演科仪举隅

前面说的白云观科仪的特质及其艺术成就，还比较散乱。要想真正了解它们，还得集中介绍几个常行的科仪。

九幽灯

海上白云观的科仪中，九幽灯的观赏性非常强。

所谓九幽灯，是用象征太乙天尊慈光的灯光，照亮冥界，将冥间的九座地狱打开，让亡灵超度而出。按照传统的观念，人一旦进入幽冥世界，便处在无尽的黑暗之中。若要出离，必须借着太乙天尊等神仙的威名，将自然之光引入，破除幽暗。因为认为地狱凡有九处：东、南、西、北和东南、西南、东北、西北，加上中央，合称为九幽。人死之后，有罪亡魂即堕入九幽地狱。击破地狱，亡魂才可以乘光而超脱。九幽地狱指的是：东方幽冥风雷地狱；南方幽阴火翳地狱；西方幽夜金刚地狱；北方幽酆溟冷地狱；东北方幽都镬汤地狱；东南方幽冶铜柱地狱；西南方幽关屠割地狱；西北方幽府火车地狱；中央幽狱普掠地狱。按中国语言的习惯，九有最高、最多等含义，所以天称九天，地称九野。九幽，也就意味着一切幽暗。坐实"九"这一数字，不过是为了让人能直观地理解其内容。

在道教科仪中，灯如同香一样非常重要。唐末道士杜光庭编订的《太上黄箓斋仪》称，凡要修斋行道，以烧香燃灯最为重要。香能够传心达信，上感真灵；灯能够破暗烛幽，下开泉夜。所以说，烧香燃灯，上明诸天福堂，下照长夜地狱。

灯仪一直是道教科仪中经常演习的主要仪式。灯仪的种类繁多，在明《道藏》和《续道藏》中收有各种灯仪经本达19种。主要可分为金箓类灯仪和黄箓类灯仪。

"九幽灯"仪式属黄箓类灯仪，多同光照地狱、拔度幽魂有关。上海白云观所做的"九幽灯"科仪是一种比较大型的斋醮科仪，一般用在清明和冬至超度法会。

上海白云观的"九幽灯"仪的坛场是用米铺成的八卦形灯坛。用米铺灯的历史由来已久，成书元代大德九年（1305年）的《道书援神契》就有铺灯，称道法划地为狱，以米为界，后世凡铺灯，都用米。可见铺地狱灯坛用米，至少已有700年的历史了。上海白云观"九幽灯"仪灯坛图是目前上海道教最为烦琐、场面最为宏大的灯坛图。全坛共三米见方，面积有九平方米。是用白米铺成八卦形灯坛图，八卦形的八边，有八个方向，加上中央，象征九幽地狱。白米铺设的地狱的基本图形是八卦形的城墙，每块城墙的中间下方用白米铺画城门。在城门上设一块瓦片，瓦片上贴一张城门的剪纸图案。在灯图的中央，用石粉画太乙救苦天尊、东岳大帝和酆都大帝三尊神像，旁边用石粉画写"帝降青莲座，灵登白玉楼"等对联。

◎ 九幽灯

"九幽灯"仪式节次主要有：道众入坛，唱香赞，举九幽拔罪天尊，唱灯偈，高功启白，香花请，高功启圣，献供偈，黄门官，升天，宣表，送表，入科，敕破，祝灯，洒净，向来，伏愿等。

"九幽灯"仪主要分两部分，前部分主要是赞颂和礼天尊，法师和道众在九方礼诵各方天尊。后部分即由高功法师行破狱之法，破狱时，法师执灵宝策杖，从东、南、西、北、东北、东南、西南、西北、中央等九方位依次策破。策破时，法师要掐诀、存想、步罡，然后以策杖书符于地狱间，击地碎瓦，寓破狱之意。从而使三途罪爽，出离冥途；五道众魂，超陵善道。

"九幽灯"仪的主要精神在于破狱，地狱是道士可以借助符咒、罡步和策杖，通过仪式来击破的，在破狱后拔度幽魂，脱离苦海。"九幽灯"仪式一开始就上启"太乙救苦天尊、九幽拔罪天尊、黄华荡形天尊、火炼丹界天尊、朱陵度命天尊、法桥大度天尊"等天尊；青元法会中，无鞅度魂，真仙圣众以及十殿阎王，灯坛真宰，一切威灵。在策破各方地狱时，要赞颂神灵，如在策破东方时，道众赞颂"东方世界慈悲主，玉宝皇上天尊来救

◎ 手持明角灯的道众

苦，祥光下照东方所，接引亡灵升仙去，我今稽首礼，惟愿垂加拥护"。破狱时高功法师要念咒、画符、存灯光成百宝祥光，上达九霄，下彻九地，存化无量天尊，遍入九幽，一切罪魂，俱蒙原赦。可见，行仪法师只是代神行法，以天堂之力破除地狱。

度桥仪

度桥科仪，习称为度仙桥，是上海白云观重要的科仪之一，大凡黄箓超度道场必不可少。

上海白云观度桥科仪的坛场主要分三部分：一是法坛，法坛内摆一张桌子，桌子上放一纸扎仙桥或木制仙桥，桥面上拉一条白布，此乃亡魂登仙之法桥。二是灵台，供奉亡灵之位，用毛巾和面盆于灵台边设置"浴房"，让亡灵兰汤沐浴。三是神坛，度桥仪中朝参仪节在神坛内举行。

度桥科仪主要分三部分：一是度桥；二是沐浴；三是朝参。

首先是引魂度桥。度桥仪节在法坛内、仙桥边行仪。道众坐在桥头，斋主一手持香，一手拉白布，男女各立一方。主要通过行仪道众诵偈，讲述法桥的由来，以及度桥的过程和目的。其后，法师启白，三召亡灵，让亡灵轻盈移步赴桥端，谛听洞玄章。三召之后，法师喝白，奉请亡灵，矜装束带，端肃威严，定至归身，神清净虑。此时，锣鼓喧天，钟鼓齐鸣，道众齐吟度桥偈："一行一步一逍遥，水满银河月满霄。童子持幡前引导，亡灵平步上丹霄。灵风飘渺散天香，玉漏沉沉夜朱殃。奉请亡灵宜进步，举头咫尺是天颜。"这是度桥科仪的主题，引导亡灵，度过法桥。

其次是沐浴。兰汤沐浴是度桥科仪的重要节次。亡灵度过法桥后，到了骞林，是仙境之中，沐浴兰汤，荡除氛秽。此时，道众吟诵"太上度亡沐浴真符"。符中称："澡身浴质，浣濯流清。荡除累世业愆，洗涤多生罪垢。使魂神之清净，宜冠带以趋朝。佩戒持符，登真悟道。一如诰命，风火驿传。"通过兰汤沐浴，使亡魂脱落凡人之常，体态堂堂，更新玄景之

◎ 仙桥仪

衣，唯衣几几，兰汤沐浴，已成清净之身。

最后是引魂朝参。这时要宣敬恭趋之礼，将灵魂请进玉阶方寸地，举步登阶，朝参三尊十殿。进入神坛后，道众举"大圣朝恭三宝天尊"，法师吟白："切以香风披拂，吹开长夜之法门。灯烛莹煌，照彻九泉之苦爽。暂假玉阶方寸地，恭朝金阙九重天。随此华幡，引魂参礼。"法师开始引魂参礼三尊十殿，三尊即太乙救苦尊、东岳泰山君、丰都佐理君。十殿指十殿阎王，即一殿秦广王、二殿楚江王、三殿宋帝王、四殿伍官王、五殿阎罗王、六殿卞成王、七殿泰山王、八殿平等王、九殿都市王、十殿转轮王。三尊十殿皆参遍，道场金炉现，引导灵魂登上超升之路。

上海白云观的度桥科仪在结构上分三部分，各部分独立成式，但又连续进行。行仪时，需要不断更换坛场所，类似戏剧中不断变换舞台背景，增加了流动性，增强了可看性。音乐上多采用歌唱性很强的吟唱法，曲调时而优美，时而庄严。器乐大多采用粗乐，采用唢呐配打击乐器：板鼓、锣、平锣、铙、钹、钗等合奏的形式，显得庄严而肃穆。度桥仪式让信众参与到科仪当中来，让信众亲自投身于斋醮氛围之中。行度桥仪时，道众坐于桥头诵经吟唱，斋主及亲属都要一手持香一手拉着覆盖在桥面的白布，男女分开，男居桥尾，女居桥头。此时香烟缭绕，道众引魂度桥。让斋主感受斋醮科仪庄严气氛，达到斋醮"济世度人"的目的。

度桥仪反映了道教徒摆脱苦难、追求光明幸福的愿望。地狱之说，由来已久。道士陶弘景《真诰》云："种罪天网上，受毒地狱下。"后来有"二十四地狱品"、"九幽地狱"、"十殿地狱"等说法。无论道教还是佛教，地狱里有罪死魂所受刑罚的描述，都是极为恐怖可怕的。如果要解脱亡魂受罚，除了生前要从善除恶外，还可通过仪式来拔度幽魂出狱。度桥仪通过朝参十殿阎王，使亡魂度过地狱，免遭地狱苦难，反映了人们控制、把握自己命运的愿望，体现了道教"我命在我不在天"的思想。

度桥仪的核心是"度桥成仙"的神仙思想。在道教神学思想中，"神"和"人"之间没有不可逾越的鸿沟，人们可以通过修道而成仙，反映了民众延年益寿、长生不老的愿望。唐五代出现"鬼仙"之说，杜光庭《墉城集仙录》说:"得为善爽之鬼。地司不制,鬼录不书,逍遥福乡,逸乐遂志,年充数足,得到鬼仙。然后升阴景之中,居王者之秩,积功累德,亦入仙阶矣。"说明不光人能成仙,鬼同样也能成仙。度桥科仪中,亡灵度过仙桥之后,"福地天堂便在前",则可以"离苦登真、超凡入圣",反映了人们最大限度地控制世界和自然的愿望,希望通过斋醮等宗教仪式,去战胜自然灾害和社会上的苦难。

斗姥炼

斗姥炼全称为"先天斗姥炼度金科",系以斗姥为主法的炼度仪。这是一个目前只在上海地区流传的炼度仪。要介绍这一科仪,先要将炼度稍加交代。

原来,道教是一个贵生的宗教。他们追求生时修道,获得"形神俱妙,与道合真"的境界,即心身都得到锻炼改造,脱去凡胎,换过俗心,达到玄妙的境界,与永恒的大道合为同一真性,那便是得道成仙的境界了。如果人死了呢?按照多数中国人传统的观念,人死后,肉体败了,灵魂还在,而且一般都要去一个可怕的地方——幽冥地狱。这地方是谁也不想去,但除了已经修成的神仙之外,都不得不去的场所。佛教传入中国前,中国人称此处为阴间、太阴,认为人的生命只有一次,去到那里就出不来了,除非已经在生前修过道,死,不过是一种解脱方式,称为尸解。尸解者到了太阴还可以修炼,称为太阴炼形,成功后可以白骨再生,成为神仙。一般的人到了阴间必定受到阴间主事者的拘束,而且鬼与人一样,都要吃东西,不然便会挨饿。所以中国人传统的都要祭祖先,家族中若有亡过的,也要上供,每年要上坟设祭,农历的十月,天冷了,要送寒衣。佛教传入中国,也带来了地狱的观念,凡人灵魂进入地狱便会受种种让人毛骨悚然的刑罚。对付这般处境,便有了各类超度亡灵出离幽冥的法门,炼度,是其中一种法门。东晋问世的《太上洞玄灵宝无量度人上品妙经》(简称《度人经》)中已经出现炼度更生的观念,而南北朝时问世的《玄都大献经》又有了给鬼神施食(施与饮食)的做法,认为经过法事之后可以使"囚徒饿鬼,皆得饱满"的效果。这便是对传统的祭鬼之法,给出了新的解释和操作方法。一是祭鬼,一是炼度更生,加起来便是炼度仪。因为合施食与炼度二

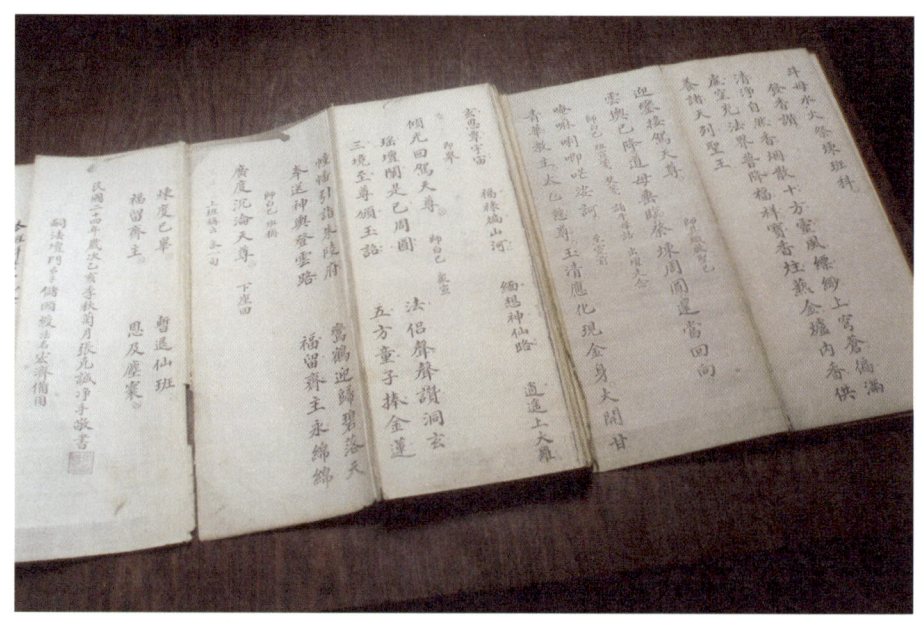

◎ 斗姥祭炼班科

者，所以这一仪式本称"祭炼"。佛教传入中国后，唐开元年间从印度来了密法的三大士：金刚智、善无畏和不空。不空的徒弟编成了《瑜伽焰口仪轨》，俗称放焰口，或径称焰口。按佛教的解释，人的亡魂到了阴间，因为生前干的事中有恶业，所以会变成饿鬼；他们鼓着大腹，却是饥渴难挨，凡有食物近口，口中自会喷出火焰，将食物烧成炭火；喉咙呢，细如针尖，喝到口的水也无法下咽。只有举办法事，将口中喷火熄灭，细喉打开，才能解脱烦恼。以后，在民间，常将放焰口和炼度仪混淆。其实，炼度与焰口仪，目的都在超度鬼魂，但有一个原则的区别：焰口仪轨只有给亡魂施食的内容，而炼度仪，不仅有施食，还有用水洗涤亡魂之形质，用火炼去精神中的渣滓的做法，称作水火炼。因为佛教主张炼神，而道教主张只有形神俱妙，才能最终解脱。当然民间可不管这些细微的区别，他们请僧请道依照各自的习惯，有的干脆僧道同请，目的都是想帮助已经过世的亡灵解脱痛苦，而且，做焰口或炼度，观念上都是要超度一切亡灵，如果哪一个人出资请僧道来做,那是一场善事。宋代有人说,自己的祖宗或许还在阴间,那么做这样的法事,等于是替祖先请客,何乐而不为?

单说道门的炼度,在以后的流传中,形成了众多的流派,有太极炼、灵宝炼、玉阳炼、蓬壶炼、玉山炼、铁罐炼、紫皇炼,岭南地区通常流行先天斛食科仪,等等。这些炼度仪的区别主要是师承不同,请的主法神祇不同,而在目的指向上并无大异。只是传统的炼度仪包括祭与炼两者,现今全真派流传的"铁罐炼"与广东、香港等道观中流行的先天斛食仪,却没有水火炼的内容,当是受到佛教的影响吧。这些炼度仪在各地流传,而各地的信众也习以成俗。斗姥炼,则只流传于上海地区,而且民国时期的正一派、全真派都流行这一科仪。现存最早的抄本,便是海上白云观的藏本。有两个本子,一称《先天斗姥炼度金科》,系白云观金宏吉的抄本;一称《斗姥祭炼班科》,系民国二十四年(1935年)张克诚书、储颐绶法名宏

◎ 斗姥炼度金科

济备用。

斗姥炼的科仪结构与早期的太极祭炼、灵宝炼度差别不大,但是所召请的主法,与其他科仪有很大不同,请的是斗姥。这位斗姥,系北斗七星与勾陈、紫微之母,本身也可算得一位星君,更正确地说,为星君之母。她的地位崇高,在武当山皇经堂上,她的造像所处的位置介于三清和四御之间,所以当地民间有传说斗姥"头顶三清,脚踩四御"。这位斗姥的形象也非常奇特:她四头八臂,正面如同观世音般的慈眉善目,左天王相,右金刚相,背后一头,则猪头相;前面八只手,上面的一对托日、月,两只手各执弓与箭,两只手各执铃、杵,还有两只手持剑、戟(也有两手当中结印的造型)。要说这一形象的来源,与中印文化交流有关,也与汉藏文化的融合有关。原来在道教中出现了个北斗七星与紫微、勾陈之母紫光夫人,但其形象如何,没有明确记载。唐代不空本藏翻译了《摩利支菩萨经》,向中国人介绍一个印度的天神摩利支天,佛教吸收后称摩利支天菩萨。她本是

◎ 斗姥像

◎ 斗姥与五方星君

一团阳焰，在太阳前行走，所以无法看到她。她坐在天鹅拉的车子上飞行于空中。也许是唐代的一行禅师起了牵线搭桥的作用：他将中国固有而印度没有的北斗信仰吸收进了密法，编了个《北斗护摩法》，护摩，即火祭。而在有关他的故事中，北斗七星又化成了七个乌猪。这样，可能引发人联想起北斗七星的母亲的形象。到了元代，原来西番即今西藏所传的密法，随着皇家的推崇而传入中原，其中的摩利支天菩萨形象也为中原人所知。这一藏密中的菩萨形象奇特，大概在元代进入五雷正法的系统，于是广为人知。所以，在斗姥身上，既有中印文化交流的因素，又有国内汉藏宗教的交汇。斗姥在科仪中，常与五方星斗一起出现。

斗姥炼，是一个大型的仪式，现在已很少举行。如果有谁进入白云观，碰到正好举行这一仪式，那真是幸事了。

小殿藏巨宝
《道藏》特受珍

　　海上白云观因藏有明版《道藏》而命名，也因《道藏》而出名。那么，当年徐至成为什么那样执着地要请来《道藏》，甚至于不惜将一座独立的庙堂屈尊为别人的下院呢？这要从《道藏》的特殊地位谈起。

道映申江：海上白云观

人们为什么重视《道藏》

☯ 独有的魅力

《道藏》是道教经典的合刊。从理论上说，包括了全部的道书。当然，实际上任何一部号称总集的丛书，恐怕都不能真正搜罗齐全。即使是清代乾隆年间所谓的《四库全书》，也未必真"全"，除掉不合他们心意的"违禁"书之外，当时所搜集的书本身也做不到搜罗无遗。这且不论，单说《道藏》的价值。

道教想总结自己的著作典籍，开始得很早，晋代著名道教学者葛洪就曾在《抱朴子内篇》中记录过他所见到的道书。南朝陆修静总括三洞，将他所搜到的道书按洞真、洞玄和洞神编排起来，是最早的一次尝试。以后历代都有人继续陆修静的工作。到了唐玄宗朝，道教地位隆高，道书的编撰也超过以往，当时编定的《三洞琼纲》便是第一部道藏。以后宋徽宗朝编过《政和万寿道藏》。宋亡之后，金代也编过《大金玄都宝藏》。蒙古兴起之初，太祖孛儿只斤·铁木真（成吉思汗）崇奉道教，召见长春真人丘处机（1148—1227）于大雪山，尊为神仙。道士宋德方奉旨搜罗并倡刊道经。至六皇后乃马真称制的第三年（1244年），全藏刊竣，凡七千八百多卷。经板存于平阳府永乐镇（今山西永济县东南60公里处）的玄都观中，亦称为《玄都宝藏》。

我们知道，金为北方少数民族女真族所建，成吉思汗则是蒙古的大汗。汉族政权宋朝会编道藏，显然与皇族的信仰有关，也与他们的民族文化品格有关。而另外两个政权则与汉族有所不同，他们会继续北宋的事业，重编道藏，便值得分析。一个基本的解释是，道藏作为华夏民族先进文化的一部分，让入主中原的其他民族所羡慕，所折服，他们同样将之看成先进的文化象征。当然，他们也有笼络原住在中原的汉民的用意。

到了元代忽必烈至元年间，因佛道争执，道教徒辩论"输"了，皇帝下令焚毁道藏经板。这次佛道争端，表面上是道士辩论不过僧人，实际上是统治者的文化、宗教政策发生改变，更多地倾向于当时的蒙古人信仰的藏传佛教，而对于道教取贬抑的态度。历史上曾有不少汉民族以外的人，入主中原，建立过疆域不等的国家。但是几乎所有不同的朝代，最后其民族都不同程度地汉化，像建立过清朝的满族，也不例外。他们经过近三百年的统治，先后有12代皇帝的传承，然而到辛亥革命被推翻统治之后，在血统上虽然保持了满族的特征，但在文化上基本上与汉人无甚差别，连会说满话、识满字的人也不多了。然而，蒙古人似乎是个例外，明代替元朝，蒙古贵族退回大漠，但在文化上却保持了本民族的特征：讲蒙语，穿蒙古袍，过着与前辈相似的生活，多数人信奉藏传佛教，等等。所以，对于元代焚毁道藏经板的举动，现在看起来未免野蛮，但放在蒙古人建立的皇朝的历史上，却又有可以理解之处。不管怎样，这是道教发展史上的一个重要的转折，也是一个极大的挫折。由此造成的道教典籍的散佚，是再也无法弥补了。

直到明朝开国之后，才有了转机。明成祖朱棣即位之初，就敕命第四十三代天师张宇初编修《道藏》。永乐八年（1410年），张宇初去世。诏令第四十四代天师张宇清继续主持工作。直到英宗朱祁镇正统九年（1444年）才开始刊版。到正统十年（1445年）才刊刻完竣，名曰《正统道藏》。全藏5305卷，以《千字文》为函目，起"天"字至"英"字，共480函。每函各有若干卷，每卷为一册。

又过了162年，明万历三十五年（1607年），第五十代天师张国祥奉神宗朱翊钧命，校刻《续道藏》，补充正统《道藏》缺收的道书，以及正统年代以后的道教著作，共180卷，亦以《千字文》为函次，上接正统《道藏》，起自"杜"字，至"缨"字止，凡32函。史称《万历续道藏》。

今天的人们已将正统《道藏》和万历《续道藏》统称为明道藏，或仅

称"道藏"。因为自那以后,就没有再编过道藏。而原先的唐宋金元(严格说是蒙古藏)四代的《道藏》除个别孑遗,都没有保留下来。因此,此一明藏是仅存的《道藏》版本。上海书店1988年出的《道藏》将明《道藏》与《续道藏》合印在一起,2004年,华夏出版社以此为基础增加了若干资料,出了标点本《中华道藏》和2010年的线装本《中华道藏》。近二十年,中国台湾的学者才有编《中华续道藏》之举,由于是民间发起,其权威性尚须慢慢树立。道藏的编辑,本身经历了曲折的历史,这历史也折射出这些典籍保留下来的珍贵,透视出它在保存华夏优秀文化中突出的意义。

不仅如此,《道藏》由皇家编定,也由皇家垄断。各大宫观或能获得,都是皇家赏赐的结果。这样,从各宫观而言,藏有《道藏》不仅是文献丰富的象征,而且是地位特别的表征。所以各宫观都以得赐《道藏》为荣。当年徐至成进京迎请《道藏》,其因盖在于此。而海上白云观能傲然屹立于众宫观之表,缘由也在于此。

巨大的文献宝库

《道藏》是一个极其巨大的文献宝库。宋代的学者马端临说:"道家之术,杂而多端。"这一评论,引发了诸多的议论。古代的学人大多数看重儒学典籍,因为科举时代不读四书五经,便自己给自己堵住了入仕之门。对于道教的典籍,问津者少。而许多人都半知半解地引用马端临的话,以杂而多端诟病道门典籍。《四库全书》的编撰官们,就犯了这样的错误,所以著名道教学者陈撄宁先生专门写了一文,批评四库馆臣不懂道家学术。

因为道教具备的极大的包容性,《道藏》里边保存下来的典籍也具有多方面的价值。不仅有一般人们知道的诸子中与道家相关或相近的典籍,有关文史哲的典籍,实际上还有很多与艺术及科学有关的内容。随便举几个例子,《道藏》中有一部《许太史真君传》,实际上是许真君故事的连环画,也算是后来连环画的鼻祖了,至少也是鼻祖之一了。赵孟頫画的《玄元十子图》，则是保留下来的大师人物画的精品。这类画作之外，道门中的符箓中，也常画有精美的神仙像，比如上清派的灵飞经、灵飞箓中的玉女，就非常漂亮。只要打开《上清灵飞六甲上符》等典籍，就会有非常深刻的感受。

《道藏》在中国科学技术史上的文献价值更是难以估量。众所周知，养生、医药、内外丹术，都是道家所擅长的。所以说到中国医学史、养生学、化学史，都马上会想起《道藏》，这点较易理解。除此之外，《道藏》中也存在着天学、地学（包括地图学、地质学）、生物学、物理学等方面的著作，可能了解的人就不多了，这里顺手拈个例子。《道藏》中有一本《洞玄灵宝古本五岳真形图》，其主要的内容，是泰山、衡山、华山、恒山和嵩山这五岳，加上青城山、潜山、庐山和霍山，共九座山的"真形图"，包括了九山的地图和九山精灵的"真形"符字。这地图画得很奇特：看上去是浓浓的墨块，其实据日本学者的研究，是这些山的等高线地图，在世界地图发展史上有重要地位。《道藏》的文献价值极高，这里仅是信手拈来的个例。所以，英国著名的科学家、《中国科学技术史》的主编李约瑟，所用的大量

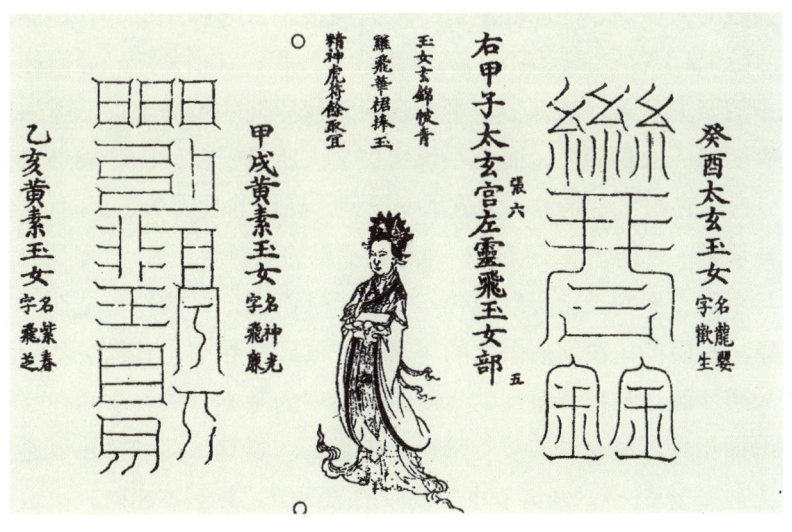

◎ 六甲灵飞经局部

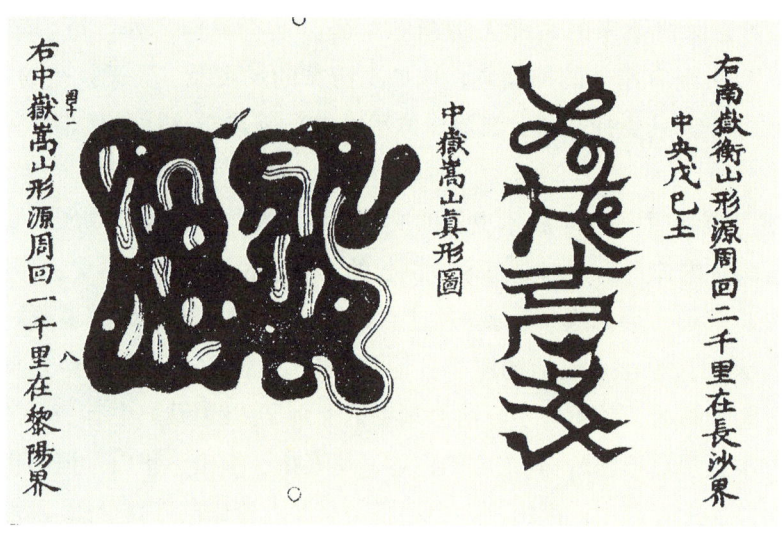

◎ 中岳嵩山真形图

的史料，都来自于《道藏》。

《道藏》传世极少。除皇家宫廷外，有《道藏》的宫观也不算多，而且秘在仙馆，轻易不予示人。再加上科举制度下的文人对它的蔑视，所以社会上真读过的人很少，为此还闹过一个大笑话。大家都知道，有一部古典小说《西游记》，常与《三国演义》、《水浒传》和《红楼梦》一起被称为中国小说中的四大名著。这部书，可能直到明代后期才传播于世。因为中国古代没有明确的版权概念，而且小说也被文人所轻视，所以这类书素来没有署名。所以它的作者是谁，便成了一个谜。现代的学者鲁迅、胡适之等，定其为吴承恩，是据《淮安府志》列有吴承恩的《西游记》，但那是史地类著作，与小说并不同类。所以现代学者对于《西游记》的作者是谁，争论不已。原因很简单，在劫后余生的《永乐大典》残卷中，有魏徵梦斩泾河龙王的故事，而且与现今看到的《西游记》中的基本一致。须知在《永乐大典》编撰年代，吴承恩的爷爷都还未出世。韩国有一部书《朴事通彦》，其中记载有18个故事，其情节也与现今的《西游记》基本相同，而这本书是当年的韩国人来中国学习时正儿八经抄录的，时代也比吴承恩要早许多。

吴承恩的著作权由此受到严重质疑。现今出版的各种版本，绝大多数仍署名吴承恩，学者中相信是吴著的却越来越少。但是到底是哪一位，众说纷纭，现在都还没有打完笔墨官司。

在《西游记》作者之争中，曾有一种观点，认为它是长春真人丘处机所撰。

为什么呢？

《道藏》中收有一本《长春真人西游记》，是丘处机的徒弟李志常编的，为记载丘处机应成吉思汗所召，西行见大汗的实录。但是，有一部分学人，曾耳闻其书，却未能亲见，古代又没有现在这样的标点，"长春真人西游记"究竟是长春真人写的《西游记》，还是记录长春真人的西游的"记"，也不易弄明白。在没有任何其他佐证的情况下，好多人相信小说《西游记》是丘处机作的。而且，看书中的章回体的标题，与内丹学紧密相关。所以有人便认为，是丘处机借用唐僧取经故事，以论丹法的。甚至于有多种注本，径以内丹法诀来注解它。比如清康熙年间出的肖山悟一子的注本，乾隆年间全真道士刘一明的注本，都是其中的代表。他们的注本，自有其特别的价值，但是与原著的内容，相差实在太远，可以说是郢书燕说的大误会，而全部误会的起点，正是丘处机著《西游记》说。如前面所说的那样，学者的误会在于只耳闻其名却未亲见其书！现今的年轻人，可能会说："这些人真是的，为什么不翻一翻《道藏》呢？"时代不同，自然问出的问题也不同。现今的人们很难理解，古代的《道藏》是皇家赐给各大宫观的。宫观不是普通的图书馆（严格地说，古代并没有公共图书馆，典籍要么藏于朝廷官家，要么藏于私人），不会任由人随便看到所藏的典籍。寻常要想看，绝非易事。所以一般的文人，看不到《道藏》，包括当时有名的大学问家也不例外。而且，乾隆年间甘肃兴隆山道士、龙门第十一代传人刘一明，还写了一部用丹法注《西游记》的书，叫作《西游原旨》，又将其中的要点，抽出单行，称为《西游诗括》共100首。连刘一明这样的道门大理论家也不清楚，做这样郢书燕说的大工程，那是因为，他僻处甘肃，没有能看到《道藏》中的《长春真人西游记》的原本。所以呀，在当

时的历史条件下以讹传讹，也在所难免了。这一误会，直到清代后期才慢慢澄清。

这一故事，透视出《道藏》经板秘在深宫，而印本各宫观中存量既少，也绝不轻示外人的情况。

到了清代，已经有人明白《道藏》的价值，有的便利用来校对古籍。那是后话了。

☯ 明版古籍

海上白云观的那部《道藏》，虽然不是海内孤本，但也是存世的少数几部道藏之一，弥足珍贵，其文物价值是显而易见的。《道藏》在明代印成之后，曾分颁赐给南京朝天宫、江西贵溪龙虎山大上清宫、江苏句容茅山元符万宁宫、北京白云观、苏州玄妙观等处，清代也仍时有此举，比如西岳华山西岳庙、恒山北岳庙等就都曾受赐。明代颁的，清代颁的，实际上都是同一版本，即全是明正统与万历版的书。

所以，这部《道藏》，虽然光绪年间才请来，但本身仍是明版书，那就不得了了。而且现在这一巨珍，存世已经非常少，也不可能再印刷。因为当初《道藏》、《续道藏》都是皇家之物，清代明，也并没有改变这一状况。除了已经颁赐各大宫观者以外，或有剩余的印本，其经板，都秘藏深宫，具体是藏于清紫禁城内的大光明殿。当年徐至成请来《道藏》并非直接从北京白云观搬来，而是通过白云观方丈，以及几位大臣，向朝廷请得。秘在深宫，在大家想来是最为安全的了。然而，人们始料不及的是，藏在深宫的道藏经板，也会遭受灭顶之灾。说起来真让人唏嘘！

原来清代后期，中国正处在落后挨打的痛苦历程当中。腐败的清政府拿不出对付洋人的法子，只有经常挨揍的份儿。从鸦片战争失败开始，丧权辱国的条约便不断强加在中国人头上。堂堂京师，居然给洋人两次攻破：英法联军的进犯，一把火烧了圆明园，后来的八国联军，更是将紫禁城闹得鸡飞狗跳。就是这后一次的京师失陷,造成了《道藏》经板的毁灭,永远的毁灭!这是一个丧权辱国时代的悲惨记忆!这是一个文明古国在不思改革时遭受的深痛!

　　《道藏》经板的灭失,使明《道藏》无法重印。白云观《道藏》、北京白云观《道藏》,还有几部零散的从宫观中抢下来的《道藏》,便形只影单,可怜巴巴地等待着抢救和重生。

道映申江：海上白云观

那一部《道藏》去了哪里？

☼ 存放在白云观的日子

明《道藏》请来后，一直存放在上海白云观的二楼，一间不大的房间内。如果拿现今的计量单位来看，有三十来平方米吧，跟现今有些大点的客厅差不了多少。那便算是藏经阁了，只是不像有些大的宫观那么的气派。很难想象，这么小小的屋子里竟然存放着明《道藏》这样的巨珍！

这部《道藏》，每函卷首都刊有三清及诸圣像，卷末有护法神将。卷首并有"明正统十年十一月十一日御制"题识。这是明代初刊时的原貌。一直到民国时期，都还保存着这样的面貌。

自从《道藏》迎接进观，观中从当家到一般道士，都将之视为拱璧，妥善安置。这样一直放了数十年。直到民国末年，李理山担任白云观方丈时，仍然惜之如金，不肯轻易示人。

李理山是杭州玉皇山福星观的当家，因为抗日战争

◎ 明《道藏·洞真部》

爆发，山上收容了许多难民，经济上无法支撑，他跑到上海建立宫观，目的是为了救难民而筹集经费。1947年起，在白云观担任方丈。他是非常虔诚的道教徒，在那样的环境下，也有点保守，有时在外人眼里是不通情理。著名道教典籍研究专家、《道藏源流考》的作者陈国符先生在其名著中，就曾记下一笔，他曾为研究《道藏》而欲入海上白云观阅藏，但可能只见其面，而未能细读，"而白云观新任监院李理山对阅藏多方留难，故事未果行（时在一九四六至一九四八年间）"。从学者眼里看，似乎李理山不合情理，陈国符先生的不满是有理由的。但换一个视角看，正表现出李理山对于观内典籍的极度珍爱。按照道门的规定，凡道书秘重，必须考验过其人品后才能盟誓而传之。所以道门口诀都秘而不宣，禁止外泄。就在陈国符先生多次征引的明正统皇帝的敕令中也规定必须善加守护：

《皇明恩命世录》卷六颁赐藏经旨："皇帝圣旨：朕体天地保民之心，恭成皇曾祖考之志，刊印《道藏》经典，颁赐天下，用广流传。兹以一藏安奉龙虎山大上清宫，永充供养。听所在道宫道士，看诵赞扬，上为国家祝釐，下与生民祈福。务须祗奉守护，不许纵容闲辈杂之人，私借观玩，轻漫亵渎，致有损坏遗失。违者必究治之！谕。正统十二年八月初十日。"①

所以，不能轻易观览，是古训。只是到了民国之后，此项规定能否通融，则可以讨论。

陈先生遭到拒绝，未免遗憾，但由之可以看出白云观道众对《道藏》保护的专注。也因为此，这部《道藏》在交给文管会保管时，是完整的。

当然，白云观的《道藏》也不是谁都不能看。陈撄宁先生作为居士、龙门派第十九代俗家弟子，不就在白云观读过《道藏》吗？而且整整读了三年！

历史的发展并非直线，文化上的开放与保守，是经常共存的，现在也

---

① 陈国符：《道藏源流考》，1963年12月第1版，1985年11月第2次印刷，177页。

还是这样。不同时期,环境不同,有时要求以开放为主,有时则要求适当地保守,如果没有后者,那么现在的中国早就不知道变成什么样子了。有些文献,即使是保管它的政府机构,也不允许人轻易接触。李理山的态度,保守是缺点,但在珍藏好《道藏》上,做的工作仍应肯定。

❂ 历劫幸存

从徐至成从北京请回《道藏》,在白云观道众的精心保护下,这部珍贵文物静静地住了几十年。其间,大清亡,入民国。民国维持了38年。1949年5月,人民解放军入上海,1949年10月1日,中华人民共和国宣告成立,上海与全国一样,进入了一个全新时代。三个不同的社会制度,《道藏》经历了,当然它只是典籍而已,不会预测自己的命运。能够决定它的命运的是人。

进入新中国,民国时期的腐败、凋敝,一扫而空。人民觉得自己站起来了,成了国家的主人。所以爱国热情高涨,对政府的信任度空前提高。诸多的文物收藏家,眼见旧时代文物遭受的劫难,大量的文物在帝国主义和军阀、无良商人的手下损坏、流失、湮灭,觉得新时代的人民政府值得信赖,所以纷纷将手上的文物,捐赠或上交给了人民政府的文物管理部门。

在这一大背景下,白云观的道众也响应政府号召,将那部珍贵的明《道藏》交给市文管会保管。这是1953年的事。

白云观道众的这一决定,当时只是出于爱国爱教的热情以及对人民政府的信任。但是从今天看来,这一举动,实在要用"英明"这个词来形容。因为正是这一举动,让这一珍贵文物得以保存下来。

过了13年,突然一股逆风鼓动,呼啸而来。所谓无产阶级"文化大革命"一夜之间改变了中国,但却是纯粹破坏性的。1966年6月3日,《人民日报》发表社论《横扫一切牛鬼蛇神》,拉开了这一场内乱的帷幕。后来才知道,这一切源于一个叫"5·16通知"的文件。但在当时,人们只见大群大群戴着红袖章的人，穿行于大街，进出于原来"成分"不好、估计藏有"四旧"的人家。无法无天的"红卫兵"们这时专注的，便是到哪些地方抄家，什么古籍、古画，甚至于一般的书籍，都在抄走之列。抄走的，可能还暂时保存着，更绝的是烧，一把火烧成灰烬，才算是最彻底的"革命"了！破"四旧"的队伍也进入了白云观。他们采用的也是非常彻底"革命"的办法：将所有的东西，包括观中原有旧书旧画，加上道协筹委会从各处道观搜集来的法器、科书等，都付之一炬。陈撄宁先生离开上海到中道协工作时，留给陈莲笙——陈撄宁先生亲切地称他为"小陈"——的两箱子古籍，也不能幸免。不幸中有大幸，观中最大的"四旧"，那一部明《道藏》，因为已经交付文管会，才逃过了这一劫难。

至今，它仍作为国内保存下来的极少几部《道藏》之一，安然无恙地静静保存于上海图书馆中。

道映申江：海上白云观

别样的珍贵

上海白云观的《道藏》，作为明版书，其价值自然非同一般。但是现存的《道藏》不止一部，那这一部还有哪些特殊点呢？

与北京白云观藏《道藏》相比，上海的这一部更为完整，因此具有别的藏本不可取代的地位。

要说清这一点，当从《道藏》传播史讲起。

涵芬楼道藏的得与失

20世纪20年代，《道藏》的传播史上，书写了划时代的一页。这一页的书写者，是著名的学者、出版家张元济先生，而最初的发动者则是时任北京白云观方丈的陈明霦，而支持者则为当时的总统徐世昌。在他们的努力下，用"涵芬楼"的名义影印的《道藏》，第一次让这部珍贵典籍走出宫观深处，进入公共领域。

当年明藏刻印完竣，颁在全国名山宫观。北京白云观存藏的一部，到清代道光年间，发现已有残缺，经羽士郑永祥募金补钞，于道光二十五年（1845年）工竣，作《白云观重修〈道藏〉记》。

1923年至1926年，上海涵芬楼借用北京白云观所藏正统、万历《道藏》、《续道藏》影印。原来的道藏，为梵夹本，张先生用之影印，改成普通的古籍线装本，同时也有缩小，相当于现在习称的大三十二开本。

这件事，丁福保在《道藏精华录·序》指出，系徐世昌首创，而略去了陈明霦，也就埋没了创始人。但因为得到总统的支持，故成了一项由政府主导的大事，由当时的教育总长傅增湘总理其事。具体操作的则应为张元济，以涵芬楼的名义缩小影印。从 1923 年 10 月到 1926 年 4 月，印成，凡 350 部，每部 1120 册。当时售价 800 银圆。

这是《道藏》出版与传播史上的大事。倡其事主其事者陈明霦、徐世昌、傅增湘、张元济先生，厥功至伟！从此，深藏于少数宫观中的《道藏》便走向社会，成为学人研究各种学问的资料宝库。它们跑进了一部分公家图书馆，也跑进了著名的大学，经济上有实力的学者，也有买进它的。——注意，以前必须向朝廷去"请"，带有浓厚的政治色彩，而现在是"买"，则变成了经济行为，具有广泛的社会性。像刘仲宇在 20 世纪 80 年代读到的《道藏》，就是藏于上海图书馆的涵芬楼本。这是刘仲宇稍微深入研究道教的起点。相信有这样的经历的学人，一定不少。

然而，涵芬楼本《道藏》也有若干缺失。最重要的是，所用的底本，即北京白云观藏本中间又有残缺，总缺数 98 页，未曾觅补。也就是说，涵芬楼所用的底本是不完整的。所以书出之后，日本学者用他们宫廷寮里保存的明《道藏》对照，发现两者有部分的不同。但是谁是权威的版本，则莫衷一是。

这事儿，上海著名的文史专家胡道静先生曾多次提到，而且在给 1988 年新版《道藏》作序时公开了这一秘密。当初听道老谈起此事时，笔者好奇，便问胡道老：当年张元济先生难道不知道北京白云观藏本的缺憾吗？胡道老笑笑说：张元济先生已经知道上海白云观的藏本，是经过抄补的，但是那么一套大书刚印成，能说出这一遗憾吗？只好自己吃进了。胡道老说的吃进，是上海话，意思只好自己闷在心里了。与北方人说的吃了哑巴亏，意思差不多。张先生是一位学者、出版家，著名的商务印出馆，便由他亲手创办。作为出版商，张先生又不得不注意经济上的考量。若是书才出不久，就宣布它的底本有问题，岂不是自贬身价？现今我们已经步入市场经济的时代，对此的理解，想是没有任何障碍了吧。

上海白云观本是经抄补之本，当年已有少数文史专家知道，但这些老学人，都有积口德的修养，只是记在心里，等待机会来补上遗憾。

终于，在改革开放之后，他们等来了这样的机会。

抄补过的上海白云观藏版《道藏》

上海白云观所藏的《道藏》，经过道长们的阅读和对比，知道已有损失，漏句、漏字等情况都存在。所以于光绪年间，派人往北京抄补。

《道藏》放在宫观里，虽然保管极严，但是道众观看，未免会有所磨损，局部会有字迹不清等情况。若是保管不够严格，那么问题更会越出越多。所以，经过一段时间之后，便需要仔细查阅，若有破损等，则要加以修补，不清者要校勘其他本子，予以订正。事实上北京白云观的藏本，在同治年间便曾抄补过。然而，或许是当时的抄补就有不足，也可能是后来再经损伤，反正涵芬楼影印北京白云观本时，便缺98页之多。

幸而海上白云观的道众们，在《道藏》迎请进来之后，不久便发现了自己的经书有了缺损。于是立即策划派人入京抄补。

当时派去的为何人，现在无从知道，但他们一定是十分用心。只要看离《道藏》进海上白云观后大约100年，上海重刊《道藏》时借此藏校核，收获之大，便可以感受得到。

最重要的是，这一决定非常及时。盖在当时，除了北京白云观外，还有其他经本存在，深藏于大光明殿的经板也还完好。也就是说，还可找到他本，尤其是作为一切明以来《道藏》之本的经板。这次抄补，恰正赶在了1900年的八国联军入京焚毁《道藏》经板之前。

"三家本"《道藏》的底本补齐

1957年，台湾中华道教会发起用涵芬楼影印本重印，至1977年印成，残缺各页也未曾觅补。但是增辑了明清以来的散佚道书15种。这一印本，历时20年才完成，对于《道藏》在海内外的传播，起到了重要作用。但是，遗憾的是，涵芬楼原本存在的问题，仍未解决。事实上，这也无法解决。当时海峡两岸严重对立，欲渡无航，而且猜忌之深，也让任何信息都加上了怀疑、批评乃至于攻击的主观色彩。不知道当时的台湾道教会以及出版社新文丰集团是不是了解涵芬楼本的缺陷？话说回来，即使了解，能如何呢？恐怕只能徒唤奈何吧。

直到台湾重印本问世近十年，大陆出版界才开始策划重印《道藏》。这次的出版社共有三家：上海书店、文物出版社和天津古籍出版社。所以，学界习称之为"三家本"。此本于1988年正式问世。它以三栏合原《道藏》六页，缩印为一页。分36册精装，与涵芬楼本、新文丰本都不一样，更不同于原来的梵夹本了。当时定价人民币2800元，尽管对于多数知识分子不足100元的月薪来说，仍然非常贵，但是对于公私图书馆来说，还可以承受，而民间人士如我辈，也咬咬牙，将节衣缩食的多年积蓄，换此一套书。况且，当时预订者还可打折，预付2100元便可成交。所以，这三家本，是大陆出版社继20世纪20年代涵芬楼之后的，第二个版本，其间隔了60年有余。60年，也就是寻常所说的一甲子。1926年出生者，到了1988年，62岁，也到了退休的年龄。不过，三家本《道藏》的珍贵还不在于相隔时间之长与价格之相对便宜。而在于，它是迄今为止最为完整齐全的一

◎ 三家本道藏

个本子,是在内容上最接近于明《藏》原貌的本子。

据胡道静先生为三家本写的《序》,我们知道:

> (此本)决定据原涵芬楼影印本影印出版,原北京白云观本残缺各页,经用瞿凤起先生(1908—1987)生前查点清楚的表册借用现藏在上海图书馆的上海白云观旧藏本补足,以成完璧。(共计补缺一千七百余行,纠正错简十七处。还描补缺损字五百余)此外,附印明冶城白云霁《道藏目录详注》四卷,用上海图书馆藏缪荃孙旧藏清刻本影印。

对于胡道静先生谈到的行、字、错简等读古籍时经常碰到的问题,现在的年轻人,恐怕已不甚了然。这里且做点儿说明。

明《道藏》、《续道藏》,因是皇家之命而作,每页的行数和每行字数都有严格规定:每页10行,每行17字。按照这里所说的补缺1700余行,则合页数170页,合字数28900字。古籍没有标点,这是实足字数。至于错简,本来是一个古代的用语,大约在汉代蔡伦改进造纸法之前以及其后的一段时间,中国人的书写材料,主要是竹简,其他或用布帛等物,纸的质量改进成本降低,才代替其他材料成为主要的书写材料。竹简一行行地刻好或写好,然后用绳子或皮革串起来,才成为一卷,或相当于现今的一页。竹简的串合、一排排串好的竹简合为一本书,最麻烦的是前后顺序排错,排错了,便难卒读。这就叫错简。以后把页码错乱颠倒称为错简,即源于此。《道藏》是雕版书,一版一版的就相当于现今的一页一页,如果印刷时搬错了雕版,那么书的页码全错了,颠三倒四,况且,古书常不注明页码,只是一卷卷地连起来,那这一错,就极难被发现了。后人读到这种错简,有时简直不知从何猜测。错简17处,涉及上下文至少34页,乃至于51页。至于字的缺损,比较好理解。我们要谢谢瞿老的辛勤劳动,也要告慰这位文化老人,在他仙逝一年之后,他的劳动终于结出了硕果。我们也要谢谢胡道静老先生,向我们所做的详细介绍。他说的数字,正是白云观藏本的重大价值。那补的1700余行、纠正的17处错简,表现了清末白云观道士入京抄补的伟大成就，也是他们的劳动，造惠于后人，也造惠于整个中华文化传承的巨大业绩！

这三家本《道藏》，因了原海上白云观藏本而增色，也因此引起后来者的崇敬、信赖。中国大陆于20世纪90年代起，由时任中国道协副会长的张继禹主编，开始了《道藏》标点本的筹划，历数年，集中全国道教研究学术界和道教界的力量，方得完成，称为《中华道藏》，合订精装48册，加上目录1册，共49册，由华夏出版社出版，为历史上第一个加上新式标点的版本，造惠后学之功，具有里程碑性质。尽管其中不会没有缺点，但"第一个"之功已成定论。此本仍以三家本为底本，酌增了敦煌文献中的部分道书。从三家本到《中华道藏》，追根溯源，仍要感谢海上白云观历代道长的保护之功、抄补之功、审时度势的移交之功。

◎《中华道藏》

文物放异彩
沧桑话艰辛

凡是有影响的宫观，往往是保存文物的渊薮。海上白云观当然也不例外。

中国是数千年的文明古国，文物之多，现今存世的绝大多数国家都难以望其项背。然而中国文物所遭劫难之多，恐怕也罕有其匹。近代的历史，也是我们祖国的屈辱史和人民的反抗史。列强环伺，文物遭偷遭抢，无良贩子助纣为虐，像溥仪那般的汉奸兼复辟之心不死的皇帝，大把大把地用文物换复辟基金，给文物不知带来多大的损失。再加上英法联军、八国联军、日寇侵略，国内则军阀混战，战火焚毁之余，保存下来的早已所剩无几。待新中国成立，政治统一，社会一新，文物也一时得到保护。所有对保护文物曾关注曾援手的爱国人士，和一般的对于建筑之类文物有感情的百姓，都额手称庆。

然而好景不长。"左"的风波不断，文化的劫数已在酝酿之中，直到"文化大革命"的孽火点燃，在破"四旧"的口号下，文物之劫，竟然进入寻常百姓家。寺院、宫观，更是一概不免。破坏之彻底，真可谓"史无前例"。海上白云观算不上古老，一百多年而已。其中的文物不会太多，然而也不算太少。因为除了白云观本身的收藏之外，当年的上海道教协会筹备委员会的一干道友，曾在上海城郊各宫观庙宇广搜道书、法器、画像等，集中于一处，本意是易于保护。然而，劫火一旦点燃，这些东西集中在一起，反而方便了破坏者。

这些感慨，在今天看来，都没有什么大价值。毁去的文物，也包括还够不上文物级别的，再多的感慨也回不来了。然而，这些惨痛的教训，却是值得我们牢记，同时也鞭策着后人更好地珍视和保护文物。尤其是当前文物的被盗被毁还时有所闻，让人扼腕，让人愤愤不已。就拿道教界说，武当山为了纪念和期望迎候张三丰而建的遇真宫，五百年于斯，却于20世纪之末遭了祝融之灾——原因非常简单，文管部门将之租给别人办武校，看护者违规使用电热炉，电线短路而起火。陕西省佳县白云山，于嘉庆年间建的白云观三清大殿被付之一炬——与旅游部门经理闹矛盾的支部书记，人为纵火。因此，记住以往的教训更显重要。

怀着这样的心情，我们一起走进海上白云观的文物空间。

道映申江：海上白云观

老君像的故事

○ 拓片也无价

要说白云观文物的故事，先要说到那一张老君像刻石的拓片。

一说拓片，见多识广的朋友马上会说：拓片有什么稀奇！跑到西安碑林，周围的小商店里真真假假的拓片多了去了！你谈文物，将拓片也扯上，是不是没话找话说？

让我来回答你：拓片与拓片不一样。拓片有原拓与再印的区别，原拓也有水平的高低，小商店里卖的那些，都是根据某一原拓用现代印刷技术重印的，其价值与原拓不可同日而语。

上海白云观所藏的这幅老君像拓片，系拓自苏州玄妙观。玄妙观从宋代起即珍藏着一方刻石。为唐吴道子所绘老子像，在唐代老子称太上玄元皇帝，历代道教徒都称为太上老君。吴道子为著名的画圣，画人物生动而传神，具有极强的艺术感染力，甚至于可以说有巨大的震撼力。据说，他曾在某佛寺中画"地狱变相"，其阴惨之象让人触目惊心，来看过的屠夫受到极大震撼，不由自主地战栗不已，竟至于一时立意放下

◎ 老君画像

屠刀，改行干别的营生了。这位画圣画的老子，衣带飘动，线条奇崛有力，面容显着智慧和坚毅，确乎非同凡响。而画上有唐玄宗的亲笔题词，北宋时的著名书法家题有诗句。三位大师之作，号称三绝，北宋时刻石。画的原作不存，刻石便成了最为传神的历史文物。白云观的拓片，具体年代不详，但在民国甚或之前，是可以肯定的。

还不仅如此。

玄妙观的碑刻素来保存完好，但是经历了"文化大革命"，道教界近二十年失去了对庙的控制，其中的文物之命运不被毁已是上上大吉，说到保护则根本谈不上。所以老子画像碑不复全部原貌，少数地方已有损伤。从这个意义上说，白云观的拓片虽非原物，却反映了原物的一段历史风貌，而且比现存的碑更接近原状。

况且，玄妙观为了保护文物，已在原碑外装了玻璃，拓，是不可能了，连拍张照片也因玻璃的反光而失真。你会问：玄妙观现在不是还在出拓片吗？我要告诉你，那是专门做了一块仿原石的碑，供拓的，并非原碑。这样一说，也许人们能够明白，那一张拓片的价值了。

❂ 藏进账册渡劫波

"文化大革命"的风暴一来，首先在《人民日报》发表社论《横扫一切牛鬼蛇神》的号令之下，人们迅速地行动起来。这一社论犹如一声炮响，将"文化大革命"发动者的意旨颁发下来。善良的人们，都认定是党中央的声音，火速地行动起来。第一个行动，就是搜罗一切所谓"四旧"，一把火烧个痛快。然而，这张老君像拓片，却没有成为劫灰，真是一个奇迹。

其实，说起来也不是什么奇迹，而是亏了有心人冒险救护。这位有心人，就是当时在上海道教协会筹备组任职的陈莲笙道长。

自从破"四旧"的潮头掀风鼓浪而来，凡是家藏古书古画古琴古瓶的，都骤然神经紧张。宗教界人士，更是惶恐不安。在道协工作的陈莲笙，

道映申江：海上白云观

也处于这种紧张恐惧的心态之中。终于，破"四旧"的队伍进入了白云观。他们是晚上进入的，翻箱倒柜，闹哄哄地开了场。经过一个晚上的折腾，第二天早晨陈莲笙来到白云观一看，所有的东西都被扔到观里的天井了，包括陈撄宁送来的极其珍贵的明代《九霄经》。陈莲笙忍不住冲到井边想把这个珍本翻出来，在场的一个干部马上严厉地训斥他："陈莲笙，你想干什么？你还想留下来复辟吗？"陈莲笙无奈，只好住手，眼看着珍本就这么毁掉了。经过这一番打砸烧毁，白云观里的文物除了八尊铜像，其他都荡然无存了。不幸中万幸的是，上海白云观内原来有一部明《道藏》，早在50年代就捐给了市文管会保管，得以逃过此劫。待到改革开放以后，这部《道藏》才发挥了它特有的作用：被用作重印道藏的参考版本之一。不过这是后话了。

在当时混乱的局面下，任何人要想做一点正常的事，反而十分困难。比如上面提到的种种破坏，是在完全失控的情况下发生的，个人岂能阻挡！不过，在混乱中，却也偶尔会有一点儿缝隙。原来当时许多文物都被当"四旧"毁了，但是经过"四清"等运动，一般对于单位的账册，倒是注意保护起来，不予销毁。这给了陈莲笙一次小小的机会：他将当年挂在老君堂的老子画像拓片偷偷地和一大摞账册藏在一起，才使得它躲过了祝融之灾。这张像，之后便在道协的账册中沉睡了十多年。幸运的是，"革命"的"铁扫帚"后来忙于扫走资派，忙于打内战，没有再来光顾上海白云观中的那些个"死老虎"。那些往事很长时间没再有人问起。

再显珍奇

1983年，白云观恢复开放，同时原驻于此的上海道教协会筹备委员会也恢复工作。那张被陈道长精心保护下来的老君像拓片，也才得以重见天日。

这张宝贵的拓片，被挂在二楼的老君堂。这里是经常接待宾客的地方,也是道教协会举办小型会议和讲座的地方。挂在正中作为老君堂标志的拓片,则顺理成章地成了众人瞻仰的对象,也成了此类活动的道门特性的象征。人们进入此处,常常会对着老君像凝视久久,感觉上面的老君神采飞扬,显得特别的睿智。半举的手,那一个手指特别传神,像是为我们指点着生活的方向。拓片的质量相当好,老君须眉毕现,衣服则有飘动之势——吴道子的画风,人称"吴带当风",即线条流畅,有如临风飘荡。

这一老君像渊源有自,品质上乘,且极富纪念意义。所以当《上海道教》创刊之后,封面首选了这一照片。随着刊物的传播,老君像也让更多的人知其名,赏其艺。

道映申江：海上白云观

抢下来的铜像

白云观的文物中，最著名的还是明代的七尊铜像。这七尊像，包括两位天师和五位天将。众所周知，白云观建成于清朝末年，离明亡也已近三百年，这明代之物是怎么跑进来的呢？

这要给大家讲一个故事。

☯ 南京朝天宫遗物如何来海上？

这七尊铜像，原是明的南都、现今的南京市朝天宫之物。

原来，当年朱元璋得了天下，国号为大明，京都定在应天。此城来由甚古，三国时为石头城，后来或称建业，或称金陵，曾是多个朝代的首都，亦即是现今的南京。他的太子早死，于是殁后只能传位给孙子，即位后号建文帝。朱元璋为了保证朱姓皇朝不被别人抢去，用各种办法，将当年一起带兵打仗的武将重臣一一除去，其间枉死的，连坐的，不知凡几。建文帝手下可以依赖的重臣只有方孝孺——典型的儒生。而与诛除异姓功臣相配合，朱元璋又封了诸多的同姓藩王，封在燕京的四皇子朱棣，势力最大，兵将最盛。不久，他便打着清君侧的旗号发兵南下，经数年征战，终于打进京城，建文帝不知所终，方孝孺被捕而不屈，于是被诛十族——从来只说过诛九族，那已经是残酷至极，十族更胜之。加上的一族传说是老师，方孝孺是纯儒，必有师承。幸而他的老师宋濂已死，不知用了哪一位倒霉蛋顶缸。且说朱棣抢得皇帝宝座，改年号为永乐，京都迁往燕京，即是现在的北京。但是建都应天，是太祖皇帝所立的制度，永乐皇帝从侄儿处抢得帝座，其合法性未免遭受非议。公开非议者好办，砍头就完事。但毕竟朱棣自己有些心虚，所以在形式上能符合太祖遗制的，还是保留为上。所以应天被称为留都，同样设六部，与北方相峙。两都之制，一直保留到京师被李自成的军队攻陷，崇祯皇帝吊死煤山，才名存而实亡。那一留都，就是今天的南京。南京，正是相对于北京而言。

朝天宫在江苏南京市水西门内。它的历史很长，比大明皇朝早多了。

相传该处原为吴王夫差所筑之冶城，晋建冶城寺，唐改太清宫，五代吴王杨溥于其地建紫极宫。宋大中祥符（1008—1016年）间，改名祥符宫，续改天庆观，元朝元贞（1295—1296年）年间，改额玄妙观，寻升大元兴永寿宫。明洪武年间（1384年）明太祖朱元璋下诏赐名为"朝天宫"。

按照朱元璋改宫名的初意，这里实际上是皇家崇奉上天之处，担负着保佑皇图永固的重任。所以其中的像设也特别的精致。这七尊神将像，便出于朝天宫。

朱棣和其他任何一朝的皇帝一样，都是家天下的信徒，他们也会利用佛教，利用道教，当然在礼乐制度、指导思想上少不了儒家。但这些利用，都是想将自己的统治一代代传给子孙，保证同一血缘的统治。试看，由朱棣挂名的《金刚经集注》，经文之后，便写着"法轮常转，皇图永固"的标语。他利用道教，也出于同一目的。

然而，明传十六帝而亡，其后南明小朝廷闹腾了一阵子，也成不了大器。女真人入关，进北京，建国号为清。明亡之后，南京便失去了留都的资格，再后来，朝天宫也非旧时风光。清代改为学府，但在清代后期，兵荒马乱，连清朝廷本身都岌岌可危，官府自顾不暇，朝天宫也便难以保全。况且，太平军曾一度攻入南京，烧杀抢掠，遑论文物的安全！这七尊像，便不知何时流落在社会上，落入奸商之手。

❀ 海关真的把了关

奸商之奸，不仅在于见钱眼开，同时也是毫无心肝，什么国家，什么

民族,他们都可以丢在一边,甚至于踩在脚下,只有赚钱,才是唯一的目标。他们重要的赚钱手段,是与国际上的冒险家及唯利是图的商人相勾结,倒文物。朝天宫的这七尊神像,便是盗运出国门的物件。

清朝自鸦片战争之后,日益衰败,所谓"五口通商"之后,一部分地方被外人通过不平等条约所强占,虽号称"租界",实同于殖民地,那里海关往往被帝国主义所控制。所以清代后期的海关,实在是积弱已甚。加上那些年头,贿赂公行,官商勾结,帮会逞凶,几乎是泛滥成灾。那时的海关,能起多大的作用,实在让人心生疑虑。

不过,海关也有真把关的时候。

当时朝天宫铜像流入奸商之手,便等着运到海外赚大钱。出海,必先过关。他们恐怕没有想到,这次海关十分认真,不讲情面。那七尊铜像,硬生生地被扣了下来,并且被没收了!

积弱的清政府海关居然真的把了关!当时不知是哪位官员做了好事,保住了这七尊文物。对他们,我们今天的人们理应怀着深深的崇敬。

☼ 安奉白云观

海关扣下了这批文物,但以后归属于何处,还是没有定论。这时,上海滩上的士绅商家又出面斡旋。当时的上海商会会长陈润夫建议,将他们交给海上白云观。最后,在他们的努力下,定于在海上白云观三清殿安置。神像放在白云观,不仅保存了这一份文物,也保存了它们身上的文化基因。本来,神像本身是一种文化符号。它们身上积淀的是道士与老百姓的信仰,表达了信众的期望与诉求。如果放进博物馆,也许人们能欣赏到,要品味其中的文化精神,却已不甚可能。神像在博物馆中,只有文物功能,其中蕴含的信仰、信众迫切需要的安抚功能、从中汲取道德营养,等等,都无法再现。所以,单纯的博物馆安置,那文物就是死的,置它们于应当去的寺院、宫观、神庙,才是活的有生命的,与老百姓精神生活合为一体。

安置在白云观三清殿的神像，已得其所，安安静静地在那里上了几十年的班。但是，"文化大革命"中，白云观不免于劫，三清殿等拆尽，或成工厂，或推倒后再建设民房。那七尊神像也不知去了哪里。

让白云观的道众喜出望外的是，白云观刚得到批准恢复的消息时，竟然接到上海市博物馆的通知，让他们去领回那七尊铜像！本来已经不存希望的事，突然有了转机，道众们沉重的心情多少有了缓解。尽管笑得有点苦涩，但神像回家总是应当额手称庆的。

更让他们高兴的是，上海博物馆中还存有明清时代的其他铜像，这时一并都交给了白云观。其中包括明代真武大帝坐像一尊，背后有明万历二十三年的铭文，到请入白云观时，已有约400年的历史了。另外一尊坐像，重达2吨多，也是铜铸造，身上缀满了兵戈等装饰，肯定是一位"帝级"的大神，迎入白云观后被供奉在玉皇殿中。此像系清代所铸。这样，海上白云观共有明清时期的铜铸神像九座，成为上海保存铜像最多的宫观。这九尊像是：明朝天宫张道陵、许真君二天师像，岳飞、温琼、殷郊、马胜、赵公明五位天将像，明万历真武大帝像，清代玉皇像。其中玉皇和真武是坐像，其他七尊为立像。

这九尊铜铸神像，是海上白云观的镇观之宝。当白云观迁入大境路新址时，玉皇像由于与新建的大殿体量不符，已移往大境关帝庙，其余的都在新址供奉，香客进入都会对之上香敬拜，而一般的游客也会对着它们发些思古之幽情，审美之趣味。

道映申江：海上白云观

艺术的魅力

明代铜像艺术的巅峰之作

明代是我国铜像艺术的巅峰。这七尊铜像，正是造于巅峰之时，为这一时期的代表作。

我国的神像，有泥塑、木雕、玉制、石像、铁、铜、金、银等金属制作，用材丰富，制作的方法也非常多样。铜铸像是其中的重要一支。它们大约成熟在宋元时代，而于明代大放异彩。现在存世的许多精美之作，基本上都属于明代。武当山的金顶和真武青铜像，峨眉山的金顶和普贤骑象像，泰山顶上的碧霞元君和两旁的眼光娘娘、送子娘娘，都是明代作品。据广东人屈大均记载，广东肇庆七星山有高一丈五尺的斗姥像，系明末总理熊文灿所造，也与这些寺院、宫观中的作品相辉映。大型的铜制神像乃至于大殿，是明代极富特色的作品。这些作品，远超出元代以前的水平。举例说，现在武当山天柱峰上，有铜铸玄天上帝殿，俗称金顶，造于明代永乐年间。而现在顶峰稍下点，另有一个转运殿，殿中心放置一铜殿，人们在它与墙壁之间的夹道中摸黑慢慢走，每到转弯处就有人叫："转过来了吗？"当事人必回答："转过来了！"是谓"转运"。其实用于转运的那座铜殿，就是元代的金顶。与明金顶相比，其体量，其气度，其艺术的精致，都要逊色得多。所以，明代的铜像艺术，确是迈越前代，成为我国铜像艺术的巅峰。

天师和神将们的风采

这清代海关扣下的七尊神像，除两尊天师像，其余都是武将。一般人们只见其雄赳赳气昂昂地站在大殿上，很少知道它们的来历，只见其神态各异，有很强的艺术鉴赏价值，不知道其艺术成就的源头所在。对神像的鉴赏，必须将其艺术与仙界的位业结合起来。

因为中国的艺术，重在传神。而什么是精神，既有创作者自己的体会、感受，又制约于信众或一般民众的心理背景，包括信仰心理与审美心理。一个艺术家如果造了一个文绉绉的关羽像，说关公读春秋，这就是最好的写照，老百姓看了，第一个评价就是："不像。"在老百姓心目中，关公忠勇，必须红脸，而且长髯垂垂，是武将，所以必须手持青龙偃月刀——那刀有灵性，鬼魅作怪，弄得家中不宁，将那刀供着，鬼魅不得不潜逃——穿着呢，也必须是内披甲，外罩袍。他也常现一手掀长髯一手握《春秋》，但仍是武将打扮，英武之姿呼之欲出。如果是单独的关帝殿中供的，必有周仓给他持刀，关平代为捧印。艺术家若要与众人争论，恐怕全是无谓之举。民众心里对关羽的形象，早已是不容轻改。形象的定型，是信仰、审美心理的长期沉淀，而这些又是通过长期的传说、膜拜实践，有时还有小说、戏剧的影响，稳固地累积下来的。而神像的创作，尤其是这样，不能离开特定宗教对其形象的构建、设定，也必须与民众的内心世界合拍、相映。特别是道教，在其科仪中常常要用到存想，存想正确，才能召来正神，否则，便没有感应。所以在科仪书中，一般都要将所召或所请的神仙形象描述清楚，有的还直接给出画像。请错了神，可是大罪，弄不好会闯下大祸。做错了形象，则同样是大过，轻者信众不认同，重者会遭到抗议和痛斥。

下面，我们试着沿着这样的思路，来鉴赏一下白云观中的那几尊明代的铜像。

◎ 张天师铜像

张天师这里特指正一盟威道的创立者，第一代天师张道陵。从张陵称天师起，其子张衡孙、张鲁皆称天师，以后第四代张盛迁往江西贵溪龙虎山，历代继承者也都称天师，到了民国时期，传到六十三代天师张恩溥，其人于1949年跑到台湾。第一代天师，便称为祖天师。一般在龙虎山以外的地方，宫观中塑的多为张道陵天师。据说这位天师为汉初三杰之一的张良八世孙。他曾在贵溪沿河山下筑坛炼丹，丹成而龙虎现，所以称为龙虎山，而帮他守丹炉的赵公明，也因守护有功，被封为黑虎玄坛，后来成了财神赵公元帅。附近又有一峰在阳光照耀下绚烂五色，叫锦屏峰，传说就是当年炼丹时丹药飞溅造成的。不过，他的创道并不在这里，而是在四川的鹤鸣山。在那里，他感动太上老君下降，授予《微书》12卷以及符箓等，让他立教曰"正一盟威之道"。因此一派的首领为天师，故学界又称为天师道；因入道者须交米五斗，外界称为五斗米道。其实，他们自身一直称为正一道，或正一盟威道。叫天师道，还有对之尊重的意思，而称之为五斗米道，则常存轻蔑之意，为道教界所不取。以后他的子孙相继承之，世为正一道，取一人为天师之法嗣，掌管正一盟威道教。祖天师张道陵，生前就有种种神通，能分形变化，斩妖除魔，积累的功德多了，羽化上天，成了天上神仙，称为六合高明上帝。宋代道书中又称天上有泰玄都三省，张天师为其中负责人之一，负责帮助玉帝接受世间传上天的文书，并受命处理。民间认为张道陵、葛玄、许逊、萨守坚为玉帝身边的四大天师。如此一来，张天师不仅是正一道派之主，又是玉帝身边几位主要的管理神仙之一，那地位是极其隆盛的。他的名气大，民间在端午节时每挂写有张天师的符，而且也会用艾蓬、大蒜等做成张天师像，以除毒祛邪。所以，他的塑像、画像和相关符箓，民间都很熟悉。要铸造他的模样，便有了难度。海上白云观的张天师像，高175厘米，与真人中的中等偏高的高度差不多。不过，最有特征的是，张天师两边的鬓发是向上耸立的。这大约是长期约定俗成的造型，也有说是有实录为根据的。查贵溪上清镇上的留侯家庙——实即张天师一族的祠堂，所重修过的《留侯天师世家宗谱》，有一幅古来相传的祖天师画像，正做此形，似乎是他老人家的标准像。张天师像，面容端庄，鬓发上耸，粗眉大眼，呈现出威武之态。这些正与他位处天帝之侧，又善能斩妖除魔的基本品格相符。

许真君，名逊，据说系晋代南昌人（另一传说为江苏句容人，但查他的传说事迹，都发生在南昌附近）。他生而颖悟，姿容俊伟。曾经追射一鹿，鹿虽应箭而死，但其母在惶顾之际还是舐之不歇。许逊见而感悟，立即折断弓箭，立意求学。他曾任晋的旌阳县令，所以后世又称他为许旌阳。博通经史，饱学各类天文

◎ 祖天师画像，录自《留侯天师世家宗谱》

◎ 许真君铜像

地理等书籍，尤其酷爱神仙修炼之术。乃拜谌母为师，学习修仙之法。得孝悌真王下降，预言许逊当为众真之长，留下金丹、宝经、铜符、铁券，并让其掌孝道之教。后来许逊道成飞升，号称九天都仙大史高明主者，成为一教主掌，教名净明。所以许真君为净明祖师。现今在南昌郊县新建县，还有许真君的大庙，称玉隆万寿宫，因其地处西山，又称西山万寿宫。据说其地曾遭日寇进犯，但在拆一座门楼时，非但没有拆成，反而压死两个日本兵，从此日军不敢再乱动。不过，由于社会变迁，特别是"文化大革命"的破坏，毁坏大半，20世纪80年代才修复开放。1998年，一行学者从庐山开完会下来，顺道去参访，上海的陈耀庭和刘仲宇不约而同地说："这里是净明宗坛！"过了一年，这大门外的墙上赫然写着"净明宗坛"四个大字。这当然是符合历史的。在有关他的传说中，最多是关于斩蛟的。蛟，与龙不一样，不是承天意及时行雨，而是恣意妄为，乱发洪水。所以斩蛟的故事，乃是战洪水的象征。那大约是因为南昌地处鄱阳湖附近，江西地方，水土流失严重，是洪水的多发之区。直到现今都还水灾多发，抗洪的形势严峻。所以在当地的传说中，许真君斩蛟的故事，素为人津津乐道。同时，传说许真君斩蛟之后，曾留下过预言，江中龙沙再涨，则意味着蛟精重现,他当再次出而斩蛟,且其时会有八百神仙出世。这一龙沙会的预言感召了许多修仙之士,因此许真君的典故不仅是一个美好的故事,也是一个极度吸引人的难得机遇。

许真君被民间称为四大天师之一,是玉皇大帝身边的重要助手。海上白云观的这座铜像,与张天师像等高,大约最初这二像是同站在玉皇身边的,做成了左右对称。只是与张天师像不同,许真君面目姣好,多了儒雅之气,与传说他生而颖悟、姿容俊伟,直接相关。同时,许真君虽然法力无边,斩妖驱怪,造福乡里,但以他为祖师的净明派,却以孝道为宗旨。所以他的面容多了和善与儒雅。造像传神,正是在熟知对象精神面貌的基础上,进行了艺术加工。

以上为两个天师像,神态以端正庄严为主。而另外五尊神将,则以威武神勇为归。

岳元帅,即宋代抗金名将岳飞。岳飞是一位家喻户晓的爱国名将,但却被秦桧以"莫须有"的罪名害死。岳飞坟在杭州市西湖边上的仙霞岭脚下,与孤山相近。其冤情昭雪后,这里修成了纪念他的庙宇,称为岳庙。在岳庙享殿后,便是他和部将也是女婿的张宪的坟墓。面对其坟的,则铸了四个跪着的铁人:秦桧、他的老婆王氏、张俊、万俟卨。这四人正是当年害死岳飞的元凶。这四人,凡进庙的人,都会向他们吐口水,搧耳光,隔不了多长时间就得更换。"文化大革命"之后,岳庙修复,管理部门大约为节约成本起见,用围栏将四个铁人围了起来,但是游人仍不解气,还是向铁人吐唾沫。从南宋后期岳飞平反,四个铁人就成了人们鞭挞卖国贼的出气筒,尤其是秦桧,更是成了卖国奸臣的代名词、一个无法抹去的耻辱符号。所以后人有一对联说:青山有幸埋忠骨,白铁无妄铸佞臣。这位精忠报国的岳飞,被道门尊为天将,实在是顺理成章。不过,细看其像,却有些难懂。这位天生神力、能拉巨弓的战将,面目却文气十足,透出极强的儒雅之气。这是为什么?要弄懂他,还得从他特有的人格魅力谈起。

岳飞是河南汤阴人。在他出生的时候,恰有如鹄(天鹅)的大鸟飞过屋顶。他父亲认为这是吉兆,故取名为"飞",希望他以后像高飞九万里的

◎ 岳元帅

大鹏那样,所以又字鹏举。他自小天生神力,《宋史》卷365《岳飞传》说他"未冠(还不足20岁),挽弓三百斤,弩八石"。他带的军队,在抗金中战绩突出,善于以少胜多,而且在突然遇到敌军时,临阵不乱,金兵中有"撼山易,撼岳家军难"的感叹。岳飞被害,朝中正直人士都愤愤不平,扼腕长叹,只有金军的大小头目听后酌酒相贺。这么说,他是一位身健力大的赳赳武夫了。现在的造像是不是太过文弱了?

且慢下结论,再听我说来。

这位名将固然有英武善战神力无穷的特征,却还有一个儒雅善良之相,可能人们知之不多。其实,根据《岳飞传》,他小时候既有神武的一面,也有喜读《春秋》和孙吴兵法的一面。而且,在军中,他既有超人的胆略,又有临战前先召统制以上的军官一起讨论、谋定而后动的一面。而且据说,他"好贤礼士，览经史，雅歌投壶（一种游戏，以箭投中壶为胜），恂恂如书生。每辞官，必曰：'将士效力，飞何功之有？'然忠愤激烈，议论持正，不挫于人，卒以此得祸"。——这是《宋史》对他的评价。所以，他是位既儒雅又武略突出的战将，面善与内心的刚烈正直，同备于一身。

这样，我们可以说将岳飞塑造成一位儒雅善相的将军，完全是合情合理、合乎历史记载的。

不过，岳元帅手上持的毕竟是一杆铁枪。正是它，显示了岳飞作为战将的身份。

这杆枪，正史上没有记载，但在小说《说岳全传》中却有描绘。这枪，号称沥泉枪，是一汪泉水中的一条大蛇所化。岳飞年轻时去取泉水，不料蹿出一条大蛇向他扑来，他却不慌张，退后几步，一把抓住蛇尾，一拉之后，便变成了一杆银枪。这杆枪，本有灵性，使用起来当然别样带劲。岳飞平时所用以建功立业的，便是它了。所以，他手上持枪，正是武功卓绝，功业无限的证明。艺术上做这样的处理，正与其身份相合。

温元帅，名温琼，他本来是东岳属将，称东岳温太保，不知什么时候升为天将。据《地祇上将温太保传》介绍，他姓温，为温州平阳人。曾跟随唐代平定安史之乱有功的著名大将郭子仪建立功业，但他每将冲锋常有黑雾出现，招致郭子仪的猜忌，便逃回家乡隐居。在家乡，他以屠宰为业，后受到东岳大帝的三太子炳灵公的点化，决心终止杀戮，改修善业。但炳灵公说他无缘仙界，只能等待时机在东岳面前服役。他依指示，在东岳庙前塑了一尊代表自己的神像。据说，若是此像发生变化，说明他的坐化之期已到。因此他每天都会跑去看一看有没有变化。有位叫孟云的小伙子，看温琼那么忙，便想开个玩笑，一天跑到塑像旁，将像口涂成了金色，又插上两颗猪牙。温琼跑来一看塑像已变，立时坐化。孟云紧跟着也坐化于其旁。温琼由是做了东岳太保，孟云等人则做了他的下属。太保，在古代是很高的爵位，系三公之一。不过温琼出名的宋代，人们常称神庙的庙祝为太保，同时也称江湖好汉为太保。东岳太保具体的意思是什么，恐怕要去问东岳神才能得知了。这官号，《道法会元》卷254《东岳温太保秘法》，

◎ 温元帅

称天帝差他担任"东岳都统兵太保"。

温琼在东岳属下做了好多功德,后来三十代天师张继先向东岳大帝询问有哪位大将堪用。岳帝便推荐了温琼,天师因此编制了一套科仪,称为地祇正法。同时天师又说,你当初坐化于三月十五日寅时,为木老火初的时节(按:春属木,夏为火,而木生火,指为春末转向夏初之时),木生火,火旺于丙丁,鬼为万物之灵者。所以天师作了符箓,其内容则为"丙丁生火"四字。此后,温琼随天师左右服役。一次到青城山当年张道陵天师斩鬼除魔之处,被禁闭的群魔余孽乘机作乱,想加害天师以报世仇。幸亏温琼保护,镇服群魔,获得嘉奖。他经常巡检瘟司。一日北极大帝颁下瘟药千丸,让东岳行瘟。温琼寻思:一丸瘟药可让千人死亡,无端受到传染的还不知有多少。所以舍命吞下药，愿以自己一死以救无限生灵。谁知一吞之后，立马化成一大猛鬼。北极大帝嘉其用心，命他常随玄帝左右，由此声名大振。所以玄天上帝跟前有温元帅，与马帅、赵公明赵帅、王灵官王帅，号称四大家将。这大概也是温琼由地祇升为天将的契机吧。这位温元帅的面貌与岳飞大有不同，以怒目为主，狰狞可怕。要表现他的正直火暴，能折服妖邪。他手上持的兵器，是狼牙棒。这可与他原先的职业有关。他未得点化前，专杀牛，常用大槌，到东岳殿服役时便带着大槌做武器。《东岳温太保秘法》中则称他手持金骨朵，另一手仗剑。金骨朵，略似金锤，当也是由大槌发展而来吧。

有关他的道法，集中收在《道法会元》中，有三卷。

殷元帅，名殷郊。他面貌凶恶，胸前挂着12颗骷髅，手持金钟和大

◎ 殷元帅

斧。有时现三头六臂之相，上面的左手托太阳，右手托月亮，下左手持大斧，右手执金钟。这位猛将，就是太岁。我们知道，民间有"谁敢在太岁头上动土"的谚语。这位谁看了都怕的太岁，是一位凶神，但是又应命每年管着大家，而且可以应道家正法之召，到坛服役，又是正神。他是北极紫微大帝面前大将，号称"上清北帝地司太岁大威德神王殷元帅"，召役他的大法称为"北帝地司殷元帅秘法"。

这位殷郊，常在宫观中值班，同时在道门科仪中出现，其他文字则很少记载。有些人不知道他的出处，或者说其人为《封神演义》作者的杜撰，或者就照《封神演义》来讨论他。其实，《封神演义》是小说，大多取材于道教、佛教和民间神祀，又做了艺术加工，不再是道教神仙谱系的原貌。殷郊在《封神演义》中被写成纣王之子，原跟着神仙学正法，但下山助周的途中遇到申公豹，被他说动，反而助纣王反周，被他的师父广成子亲手杀死，姜子牙封神时被封为太岁。将他写成纣王之子，大约是因为道书说他是"上古帝子"悟道成真，所以附会在纣王身上。如果有谁想要深究，可以读《道法会元》卷247《北帝地司殷元帅秘法》。

殷元帅造型，与其他天将明显有别，是一位极富个性的神祇，而铜像很好地突出了他的个性。

马元帅，名马胜。胜或加上"鬼"旁，以示其神灵之性。他被称为正一灵官马元帅，又称为火犀大仙马灵官、正一吽神灵官火犀大仙。据《正一吽神灵官火犀大仙考召秘法》的介绍，他是一位天将，散则成炁，聚则成形，本来没有姓名可言。因他乃是南方火中之精、火中之王、火中旺气。南方属午，午属马，故让他姓了马。而南斗六星中，第六星为胜星，故名为胜。他最大的特点是与火结为一体，足踏风火轮，手执金枪和金砖。而且他带兵除妖捉怪时，还会唤起火鸦浑身冒火去进攻。他的形象也非常奇特：三头九目六臂，蓝身，两手火铃火索，两手金枪金砖，两手斗诀仗剑。不过一般的形象，常作青面獠牙，金睛三目，右手执枪，左手持金砖。这位灵官马胜，善于封山破洞——妖精通常藏匿在深山古洞之中，要抓他们可不好办，必须派厉害的神将率天兵包围起来，一一搜捕，躲得深的，反

◎ 马元帅

抗的,那就一把猛火烧将过去。妖怪想要变个样子蒙混过关,那便用上了马元帅的第三只眼睛——那是真正的火眼金睛,什么妖魔鬼怪也会被照出原形。

这些,就是马元帅造像的根据。铜像正是依据道门的设定,加上了艺术创造,铸造而成。当然,现今神将都贴了金,青面獠牙很难表现,但那手持金枪以及额头上的第三眼,还是非常突出地表现了他与其他神将的区别。从艺术上看,要表现的侧重于他的勇猛无敌、火性火功,这铜像是做到了。

赵公明,我们在说海上白云观的神仙时已经提到了他。所以不再多说,只是要稍微说一点艺术造型。赵公明元帅是武将,理应表现其威武的一面,

◎ 赵公明铜像

所以举钢鞭，跨黑虎，黑面虬须，都出于这样的考虑。然而他又是财神，给人的是喜气。他的手下有和合二圣，表征着和气生财，碰到矛盾很快解决。所以，赵公明的造型，狞而不恶，威而不怒。仔细看，还在圆睁的双目中透出点喜气，似怒还似笑。这些使他与其他以凶猛为主题的神将造型，拉开了距离。

沧桑曾一瞬
新貌看于今

道映申江：海上白云观

沧桑与生机

《神仙传·蔡经》讲过一个故事：一次神仙王方平来到蔡经家中，召来了一位年轻美貌的仙女麻姑。一见，就与王方平寒暄起来。麻姑说：自从上次与你相见以来，东海已经三次变成了桑田。刚才过来的时候，看到海水又比以往浅了一半。王方平说：是呀，听圣人说，东海即将扬起灰尘呢！

这个故事，便是我们说的沧海桑田的出典。人们往往用来形容世界变化之剧烈。如果说自然界的沧海桑田之变常需经历百万年甚或更长的时间，那么人世间的巨变，经历的时间就短多了，简直可以用"弹指之间"来形容。海上白云观建立不到150年，却已经历了清朝、民国、中华人民共和国三个历史时期，其间社会的变革，人事的更迭，世态的炎凉，又不是用几句简单的话可以说明白的。然而，白云观就像整个中国道教一样，虽然经历着世事沧桑，却在曲折的路上行进，始终存而不绝。即使像"文化大革命"那样的浩劫，也无法摧毁她。

瞬间的浩劫尽管惨烈，但是如同老君讲的"暴雨不终朝，飘风不终夕"，风平浪静，雨过天晴，却是不可改变的事实。1966年6月，"文化大革命"的风暴袭来，海上白云观也跟着卷进了动乱的旋涡。10年之后，偌大的一个宫观，已经面目全非。

然而，当改革开放的春风吹拂神州大地，中国的宗教焕发了生机，中国的道教表现出顽强的生命力，而海上白云观也从劫灰中重新走出。

1982年，海上白云观开始修复。浩劫之后，重振的艰难可想而知。但是当时的道长们却以超人的毅力，开始了艰辛的历程。

虽然"文革"十年，白云观的道士也遭受磨难，但是他们内心的信仰未变，对自己所皈依的道教，以及由之代表的中华民族传统文化的热爱没变。一旦时机出现,他们坚定的道心,马上化成了无限的力量。在道众们的努力下,海上白云观很快恢复了生机。

从重新开放起,海上白云观的大号标在观门对面的照墙上,然而在向政府正式登记的观名上,则称为"上海白云观",观中的公章也是用的这一名称。所以从此开始,海上白云观和上海白云观两个观名可以通用。

当时主持白云观事务的,是庙管会主任吕宗安。1996年,由于吕道长身体原因,且年事已高,由正一派道士姚树良任庙管会主任,负责观中具体事务。

道映申江：海上白云观

搬迁与重建

上海是一个迅速变化着的城市。改革开放以来，特别从 1992 年邓小平同志南巡讲话以后，上海面貌变化之快，全国少有。住在上海的人们，若是半年不出门，常常出门找不到北：城市面貌大变，原有的熟悉的地标，一下子变得无处可寻。上海的这种发展态势，带给道教的既是挑战，又是机遇。

根据上海市政建设规划，20 世纪末，海上白云观所处的西林后路一带，将统一改建为商业大厦和商品房。而海上白云观也将告别它驻守了 122 年

◎ 新白云观内的空间

的西林后路，搬迁到新的地址。这次将去的是大境路。若是论白云观与上海老城的关系，那么从东新新桥到西林后路，都处于老城之外。然而这一次，却进入了原来的老城厢——其地处于城墙范围里边。当然，这时说的老城厢，是指上海最早的城池而言。经过100多年的城市化、工业化和后工业化的发展，上海早已不存在那一个老城，老城的影子，只有像白云观这样的老建筑，才会唤起老人们的记忆，只有好奇的研究者，才会去考察追索。大境路新址是海上白云观的第三个落脚点，此地离西林后路并不远。如果步行，也就十多分钟。它们在现今的上海，都处于中心地带，是寸土寸金的宝地。

搬迁是一项极为复杂的工程。但是全观道众在庙管会主任姚树良带领下，经过多方努力，在短短两年的时间里，便完成了旧址的拆迁、新址的建设。2004年，上海白云观终于迁到了新址。新址比原址的面积要大了近一千平方米，这是白云观的道长抓住了搬迁的机遇，多方交涉与筹划的结果。

道映申江：海上白云观

焕然一新

上海白云观搬到新址，当然是焕然一新。这种新，不仅在观的空间扩大，装修美轮美奂，还表现在观中道众的面貌上。而后者是最重要的"新"。因为正是这种"新"，才适应了上海城市发展的节拍。

前面说过，上海城市发展的契机，同样也是白云观发展的契机，也是整个道教界发展的契机。要想抓住这一契机，跟上时代行进的步伐，需要多方面的跟进，其中包括道士自己的素质提高。道教作为传统宗教，尽管近几十年来越来越多地增添了现代的要素，但是由于近三百年来，道教一直在走下坡路，到了改革开放政策实施，才获得彻底转变的机会，但是积压的问题实在太多，一时难以快速解决。其中一个问题是，道士的学历水平、文化素质太低。白云观的道士也不免于此。尽管现在的道士，全都是道学院毕业的学生，然而从国民教育的角度上，他们始终不能取得大专院校的学历。与整个社会，尤其上海这种中国现代化程度最高的城市相比，落差更大：进观中参拜的香客、一般来参访的游客，具有高学历的越来越多，而接待的道士则只是初中生、高中生，未免差距过甚。幸好，上海市主管宗教工作的领导，也看到了这一点。从2006年起，上海民族宗教事务委员会与华东师范大学合作，举办了宗教文化班，招收上海各宗教的骨干，经考试后进入华东师范大学，攻读专科，以后又发展到本科。海上白云观的道众们都积极地抓住了这一机会，利用业余时间进入高等学府深造。经过几年的努力，现今白云观的道士，绝大多数取得了正规的大学本科学历，一部分取得了专科学历。也就是说，白云观的道士全是大学生。这在中国道教的历史上是绝无仅有的新气象。

一个道观整体的素质提高了，那么各方面的工作会做得更好。所以，白云观才会日益蓬勃。

　　白云观的新，同时也表现在管理体制上。海上白云观本来属于全真派，管理体制是十方丛林。因为原来是北京白云观的下院，自己没有设方丈，而只有监院，还有就是知客等执事人员。从20世纪80年代重新恢复始，便成立了庙管会，实行民主管理。只是吕宗安道长仍然是代理监院。事实上，这是目前道教界都有的管理体制。而作为全真道的宫观，现今也都陆续恢复了方丈、监院等传统的职事称号。这种管理体制与现时代要求的民主管理并无冲突，盖方丈或监院常就是庙管会的主任，观中重大决策仍然经过庙管会集体讨论。只是海上白云观虽然历史上出于全真，但重新恢复之后不久，原有的全真道士便陆续离开，等到吕宗安道长羽化之后，上海白云观中已没有全真道士。所以，目前观中没有原有的全真职事，而只有庙管会。目前庙

◎ 姚树良

◎ 姚树良接待嘉宾

◎ 夏连全

管会的几位组成人员,都是正一道士。

庙管会的主任姚树良,系上海道学院的首届学员。1996年起接过吕宗安道长的职务,一直到今。他是上海市道教协会的副会长,上海市政协委员。从2011年起,他又兼任了市道协的秘书长,所以身上的工作压力不小。在新白云观迁建的过程中,他身临第一线,表现出了很好的领导和协调才干。

庙管会中的夏连全和史孝军也都是上海道学院的首届学员。史孝军任庙管会副主任,同时也是上海白云观的高功。由于他师从著名高功朱掌福,学艺专注,

◎ 史孝军

◎ 做高功时的史孝军,冲表仪

◎ 鄢建华　　　　　　　　　　　◎ 司鼓鄢建华

而且经常向其他老法师请教，碰到疑难，还会查找科仪经书，所以进步很快。目前已是上海滩上屈指可数的法师。

庙管会中较为年轻的一位鄢建华，是上海道学院第二届学员。他也是上海白云观法坛上的重要人物。道教举行仪式，都有乐队伴奏，而乐队中司鼓又有特别的地位。原来，这鼓，在乐队中称"龙头"，是指挥决定乐章节奏的。鄢建华参加乐队，即开始学司鼓，因为常常向著名的司鼓高手陈莲笙道长请求教益，技艺进步很快。现在已经是上海滩道教界中著名的司鼓。

在庙管会的领导下，上海白云观的面貌生气勃勃。这一百余岁的道观，正随着上海城市前进的步伐，不断地有所创造，有所前进。

图书在版编目（CIP）数据

道映申江：海上白云观 / 姚树良主编；刘仲宇，史孝军，鄢建华编著.
—北京：华夏出版社，2016.1
（中国道教文化之旅丛书）
ISBN 978-7-5080-8603-3

Ⅰ．①道… Ⅱ．①姚… ②刘… ③史… ④鄢… Ⅲ．①道教－宗教文化－介绍－上海市 Ⅳ．①K928.75

中国版本图书馆CIP数据核字（2015）第247821号

道映申江：海上白云观

作　　者	姚树良 刘仲宇 史孝军 鄢建华
责任编辑	刘淑兰
出版发行	华夏出版社
经　　销	新华书店
印　　刷	北京华宇信诺印刷有限公司
装　　订	三河市少明印务有限公司
版　　次	2016年1月北京第1版　2016年1月北京第1次印刷
开　　本	720×1030　1/16开
印　　张	12.5
字　　数	180千字
定　　价	39.80元

华夏出版社　网址:www.hxph.com.cn　地址：北京市东直门外香河园北里4号　邮编：100028
若发现本版图书有印装质量问题，请与我社营销中心联系调换。电话：（010）64663331（转）